| 光明社科文库 |

会计学教学经典案例解析

郭　红◎主编

光明日报出版社

图书在版编目（CIP）数据

会计学教学经典案例解析 / 郭红主编 . -- 北京：
光明日报出版社，2023.9

ISBN 978 - 7 - 5194 - 7490 - 4

Ⅰ.①会… Ⅱ.①郭… Ⅲ.①会计学—教案（教育）—
高等学校 Ⅳ.①F230 - 42

中国国家版本馆 CIP 数据核字（2023）第 183244 号

会计学教学经典案例解析

KUAIJIXUE JIAOXUE JINGDIAN ANLI JIEXI

主　　编：郭　红

责任编辑：杨　娜　　　　　　　责任校对：杨　茹　张月月

封面设计：中联华文　　　　　　责任印制：曹　净

出版发行：光明日报出版社

地　　址：北京市西城区永安路 106 号，100050

电　　话：010 - 63169890（咨询），010 - 63131930（邮购）

传　　真：010 - 63131930

网　　址：http：// book. gmw. cn

E - mail：gmrbcbs@ gmw. cn

法律顾问：北京市兰台律师事务所龚柳方律师

印　　刷：三河市华东印刷有限公司

装　　订：三河市华东印刷有限公司

本书如有破损、缺页、装订错误，请与本社联系调换，电话：010-63131930

开　　本：170mm×240mm

字　　数：245 千字　　　　　　印　　张：14.5

版　　次：2024 年 1 月第 1 版　　印　　次：2024 年 1 月第 1 次印刷

书　　号：ISBN 978 - 7 - 5194 - 7490 - 4

定　　价：89.00 元

编委会名单

总前言

《新文科宣言》提出："要根据各自学科专业特点，结合行业领域特定问题，促进八大学科门类特色发展……经管法助力治国理政。"这就要求新时代经管专业发展必须对标新文科背景下经管专业应用型人才培养目标，推进人力资源供给侧结构性改革，深化产教融合，通过实战能力、应变能力、创造性思维的塑造，为企业和社会输送大批高素质经管人才，促进教育链、人才链与产业链、创新链有机衔接，全面提高经管类专业教育质量，为治国理政服务。

案例教学是实现专业知识内化、训练实践能力和创新思维的绝佳载体，是培养经管类应用型人才的重要路径，已被广泛应用于管理学、经济学等学科专业教学中。党的二十大报告明确提出："教育、科技、人才是全面建设社会主义现代化国家的基础性、战略性支撑。"经管人才培养必须以服务经济社会发展高质量发展为导向，想国家之所想、急国家之所急、应国家之所需，树立"学以致用、知行合一"的思想，培养具备创新能力、应用能力，有经世济民担当和深厚家国情怀的高素质经管人才。因此，丰富经管专业实践教学内容，将国家经济发展中大量鲜活的企业经营管理实践经验引入课堂、注入课堂，就成为高校经管类专业建设的重要任务。

我校以培养高素质应用型人才为目标，积极探索并实践应用型本科内涵式发展路径，在设计了基于学生在学习好会计学、管理学、金融学等经管专业课程理论知识的基础上，增加了以增强学生实践知识及动手、动脑能力为目的的"案例教学工程"，并将其定位为主要以企业真实资料为背景编写的教学案例。为此，我校以三个课程组为单位会同教务处成立了教学案例编写攻关小组，组织开展了大量调研，首先，根据新疆本地大中型企业的实际业务撰写了原创教学案例，其次精心选择国内有代表性的企业经营管理实践活动编写了经典教学案例，攻关小组在案例选编和案例分析的撰写中各有侧重：案例选编内容具有较强的代表性，案例分析主要突出知识的运用、方法的训练和技能的培养，以期为会计学、管理学、金融学等课程的教师教学和学生学习提供帮助和指导。

为保证该项工作的顺利进行，我们对具体操作规程做了较详细的部署，制定了"案例教学工程"的总体安排，明确了案例教学法的基本要点，规范了教学案例的基本要求，聘请新疆财经大学龚巧莉教授、朱宇教授为指导顾问，委托巴音郭楞蒙古自治州党委副秘书长樊爱琴同志联系企业，保障了"案例教学工程"如期推进。经过多年的酝酿、细心策划以及多次会议研讨、深入实际调研等充分的准备工作，以及相关人员的精心撰写，之后由学校聘请若干名专家组成验收组，依据教学案例编写规范进行了审核验收。至今，我们为广大学员奉献出了这套《教学经典案例解析》丛书，以期使广大学员通过本书的阅读及有关题目的思考、讨论，能对会计学、管理学、金融学理论知识在实践中的运用有更深入的认识，为阅读、分析、多角度考虑问题提供有效的帮助，并对新疆企业有所了解。为保证案例为教学服务的时效性、适用性，在案例使用过程中，希望各位老师在运用过程中能将发现的问题和需要补充及完善的内容及时反馈给我们，以便使其更加完善。

在编写此书的过程中，我们选用了部分企业年中期及年终的披露信息，在调研和收集资料的过程中得到了许多单位的支持与帮助，在此一并表示感谢！

新疆科技学院

2023 年 4 月 10 日

前　言

近年来，根据全国教育大会精神，全国各大高校积极更新本科教学理念，一流课程建设如火如荼，鼓励教学内容、教学模式和考核方式的改革与探索。会计学作为我院工商管理类专业的核心课程，我们按照一流课程建设标准，聚焦人才培养目标和当地经济发展，不断探索教学改革路径。在此背景下，我校编写了《会计学教学经典案例解析》一书，作为会计学课程案例教学的参考用书。本书适用于应用型普通本科会计学及财务管理专业学生，通过引导学生解决案例中的财务问题，培养学生分析问题、解决问题的实践创新能力。

本书根据课程教学知识内容设计，与社会实践紧密结合，以引入型、分析型、讨论型和操作型等多种类型的案例帮助学生充分理解会计知识的运用，使学生掌握会计基本技能，培养学生财务分析能力。案例内容设计充分挖掘会计和财务专业的前沿性和时代性知识，教师可通过互动性的方式讲授案例内容，提升课程的"高阶性、创新性、挑战度"，推动教学课程改革。本书编写主要突出以下四个特点：

（1）实用性。根据工商管理类专业的教育目标和培养要求安排教材内容，力求使学生在理解会计学理论知识体系基础上，掌握会计基本技能，紧密结合经济和管理发展需求，适时更新知识，强化学生的实践技能，从而更好地利用会计信息实现经济管理目标。

（2）简明性。本教材依据会计报表中的资产负债表报表项目核算、利润表报表项目核算、特殊业务会计处理、综合知识应用与分析和会计职业道德的体例来编写，便于学生结合理论知识，系统理解会计学课程的知识体系，以上市公司或者非上市公司真实的经营管理问题为基础，语言通俗易懂，便于自学，用通俗的实例引导学生得到相关结论。

（3）现实性。在编写案例前，案例编写小组实地调研当地企业，获取了大量一手的调研资料，从而完成案例编写，力求以现实的经济社会现象和问题为基础，体现理论与实际相结合的特点。

（4）思政育人。案例内容设计中，会计职业道德部分利用大量真实的案例，培养学生"诚信为本，操守为重"的职业道德，以进一步培养爱国守法的社会主义建设者为目标。

由于各学校的具体情况不同，各任课教师的认识程度也存在较大差异，编者对使用本书开展会计学课程的案例教学提出几点建议：

首先，任课教师要准确把握该课程在人才培养中的地位和作用，厘清其与先修课程和后续课程的关系，钻研教材和教学大纲，充分了解教学对象的知识结构、认知水平等，做好备课工作。

其次，任课教师在课堂讲授环节中应巧妙设计教学内容，以学生为中心，采用翻转课堂、情境教学法等多种教学方法组织教学。

最后，教学过程中，任课教师应根据案例内容中理论知识的特点，设计出具有"高阶性、创新性和挑战度"的问题，并将其作为课程考核的依据。

本书共有13名教师参与编著，其中，郭红负责本书内容总体设计和编撰，设计教材大纲和编写计划，审阅与校对案例正文的第一章。张雯琰审阅与校对所有的案例使用说明，王佳丽审阅与校对案例正文的第二、三章，吴晓琳审阅与校对案例正文部分的第四、五章。第一章由王婷、余洋和李广首紫编写；第二章由王婷、孙蕾和李广首紫编写；第三章由倪树美和齐梦宣编写；第四章由张雯琰、李凯悦、郭红和郭迎迎编写；第五章由郭迎迎、李广首紫、王佳丽和任素贤编写。

在本书编写和出版过程中，学院领导姜锡明教授、王海燕副教授对编写工作悉心指导、倾心相助。在案例调研阶段，巴州党委副秘书长樊爱琴同志积极联系调研单位，为本书撰写提供了极大的便利。我们特别感谢新疆财经大学会计学院龚巧莉教授和朱宇教授在本书编写过程中的指导和帮助；感谢学院教务处组织协调案例编写相关事宜，为本书的编写提供了有力支持。此外，本书编写中参阅了文献和相关资料，在此向文献作者表示真诚的感谢。由于编者水平有限，本书中难免有疏漏和不当之处，恳请同行和读者指正。

编者
2022 年 2 月 10 日

目 录
CONTENTS

上 篇 **01**

| 案例正文 |

第一章

资产负债表报表项目核算

案例一　紧跟时代脚步的茅台酒业

摘要： 存货作为企业的一项重要资产，在企业的生产经营中扮演着重要的角色。随着经济发展和企业规模的不断扩大，越来越多的企业经营者开始意识到了存货管理的重要性。由于存货管理涉及企业生产经营的各个环节，包括采购、生产、物流和销售四个方面，如果仅仅关注某个环节的存货管理难免会因考虑不周，使得存货管理难以取得良好效果。白酒作为一种快速消费品，其销售受季节、政策、消费习惯等外部因素影响很大，因此，白酒企业的库存也必然变动十分频繁，也因此，存货管理质量的高低也影响着企业的运营水平。此外，随着"互联网+"信息技术的快速发展使得企业之间的关系更加密切，企业之间有了更多交流协作的机会，同时也为白酒企业库存管理带来了新的思维方式。

关键词： "互联网+"　白酒行业　存货管理

一、引言

随着"三公"消费禁令的颁布，酒类产品的销售，尤其是高档酒的销售真是一落千丈，去库存更是给酒类企业雪上加霜。库存过高对于公司流动资金不利，但是为了正常的生产经营又必须储备足够的库存，这使得酒类企业进退两难。

二、案例背景

（一）行业背景

在中国，从古至今白酒行业占据着资本市场重要的位置。悠久的文化历史中，白酒行业的发展就像其酒香一般源远流长。从手工酿造的小作坊，到自动化的大规模生产，逐步成功上市，白酒已经走向了国际市场，总体来看，白酒行业的发展主要有五个阶段，每个阶段都对其发展产生了巨大的冲击，或是机会，或是阻碍。

1. 行业兴起

20 世纪 50—80 年代，由于白酒行业为国家带来了高额的税收收入，因此，白酒行业进入国家关注的视线范围，传统的白酒行业自此跃入人们的视野中。然而，在新中国成立之初，传统技术使得白酒产量一直无法上升，阻碍了白酒行业的大规模快速发展。在这一时期，我国工业技术大幅革新，正是工业技术的进步促进了白酒行业的发展，技术进步为白酒行业的迅速发展奠定了基础。

2. 行业进行时

20 世纪 80—90 年代，白酒行业快速发展。技术的革新使得白酒行业迅速发展，经济体制的改变为白酒行业带来了新的增长点。随着中国经济体制的改革，农业生产迅速发展，粮食产量的增长推动着白酒行业走上了一个新高度。原料的富足、技术的革新、体制的变革使得白酒产量迅速增长，到了 20 世纪 90 年代中期，白酒的产量较新中国成立之初翻了约 79 倍，达到了历史新高。

3. 行业调整时

20 世纪 90 年代末至 21 世纪初期是白酒行业的调整期。改革开放以来，白酒行业乘着政策的春风扶摇而上，但随着白酒行业的迅猛发展，也渐渐显露出问题。由于白酒行业前些年的政策利好，其本意是促进白酒行业的发展，但商人的逐利行为导致白酒行业面临过度竞争和无序发展的乱象。自从 20 世纪 90 年代中期白酒行业达到历史产量峰值后，国家就不得不出手干预，出台新的税收和产业政策对白酒行业所显现出的问题进行控制和调整。同一时期，亚洲各国也都面临着一个共同阻碍——金融危机和通货膨胀的爆发，这一危机自然也对白酒行业产生了不小的冲击。在政策环境和金融环境的双重影响下，这一时期白酒行业的产量相较于其产量的顶峰时期骤减 62%。

4. 行业产量激增期

2001—2010 年是白酒行业产量激增期。21 世纪初期，随着我国经济发展速度加快，国内生产总值大幅上涨，普通民众的收入水平大幅提高，消费支出能力也不断增强。这时国家对白酒行业的生产能力和管理水平又提出新的要求，即白酒行业要继续完善更新其滞后的生产技术和不断提高管理水平，同时对白酒行业的结构也提出了新要求：白酒行业必须对其现有结构进行深度调整。经济的发展和国家政策的转变给白酒行业的发展带来了转机，这一时期白酒行业保持高速发展。2012 年，白酒行业迎来了其最辉煌的时刻，白酒产量达到了历史峰值。

5. 行业新调整

2012 年以后，白酒行业再次进入调整期。白酒行业的辉煌并未持续多久，国家政策的转变又给白酒行业带来了新的考验。2012 年之后，国家出台了"三公"消费的禁令，这使得白酒销售价格一降再降，原来庞大的销售市场也在一夕之间缩水，高端白酒的销售更是首当其冲，销量急速下降。自此，白酒行业的辉煌时代戛然而止，不得不进行新的调整而进入冬眠期。

（二）案例公司概况

1. 公司背景

贵州茅台酒股份有限公司，简称贵州茅台，是一家白酒生产和销售企业。成立于 1999 年 11 月 20 日，总部和办公地址位于贵州省仁怀市茅台镇。由中国贵州茅台酒厂有限责任公司、贵州茅台酒厂技术开发公司等八家公司共同发起成立，于 2001 年 8 月 27 日，在上海证券交易所上市，控股股东是中国贵州茅台酒厂（集团）有限责任公司，截至 2021 年 12 月 10 日总市值为 26254.5 亿，位于 A 股市场排名第一位。

公司主营贵州茅台酒系列产品的生产和销售，同时进行饮料、食品、包装材料的生产和销售、防伪技术开发和信息产业相关产品的研发。贵州茅台酒股份有限公司茅台酒年生产量已突破 10000 吨，其中，43°、38°、33°茅台酒拓展了茅台酒家族低度酒的发展空间；茅台王子酒、茅台迎宾酒满足了中低档消费者的需求；15 年、30 年、50 年、80 年陈年茅台酒填补了我国极品酒、年份酒、陈年老窖的空白；在国内独创年代梯级式的产品开发模式，形成了低度、高中低档、极品三大系列 70 多个规格品种，全方位跻身市场，从而占据了白酒市场制高点，称雄于中国极品酒市场。公司主导产品"贵州茅台酒"是世界三大蒸馏名酒之一，也是集国家地理标志产品、有机食品和国家非物质文化遗产于一身的白酒品牌，是一张香飘世界的"国家名片"。公司经营模式为采购原料→生产产品→销售产品，其中，原料采购根据公司生产和销售计划进行；产品生产工艺流程为制曲→制酒→贮存→勾兑→包装。公司产品通过直销和批发代理渠道进行销售，直销渠道主要是自营渠道，批发代理渠道包括社会经销商、商超和电商等渠道。

2. "互联网+"时代下的茅台酒企

2015 年以来，贵州茅台建立了"e 茅台"网上商城、茅台云商 App 等网络销售平台，由传统的经销商代理销售转为线上线下两个渠道营销的模式，并提出了新营销、新零售、新金融、新制造的四新发展战略，并与阿里巴巴合作，依靠阿里提供的技术支持，组建了包括物联网、大数据、云计算、区块链技术、线上线下融合等智能化的信息管理系统。前至生产流水线、供应商包材，后至所有经销商、零售终端和消费者信息，以及终端卖出的每瓶酒的记录都会进入数据库，市场流通的每瓶茅台酒信息都可被追溯。目前，茅台酒业公司正在筹建智库，把存货管理作为重点研究项目，聚智聚力，推动其存货管理的创新发展。以提高存货管理和效益为中心，以存货管理与"互联网+"深度融合为路径，以信息化、标准化、信用体系建设为支撑，创新存货管理新理念和新模式，努力构建一个大数据支撑、网络化共享、智能化协作的存货管理体系。

三、"互联网+"时代的茅台存货管理现状

贵州茅台作为白酒行业的领军企业，成功利用"互联网+"技术，改变传统酒业面临的存货管理难题。自 2015 年以来，贵州茅台开始借助互联网和大数据技术，逐步构建起适合自身特点的存货管理框架。

（一）存货的分类

我国会计准则对存货给出的定义为：在企业的生产经营活动中所必需的原材料、未完工的在产品、完工后的产成品及商品。通俗地说，存货就是指企业为现在和未来的生产或销售而必须提前储备的物质资源。存货的形态是多样化的，包括原材料、半成品、产品等，广义的存货还包括正处于制造加工状态和运输途中的在途物资等各类物品。对于贵州茅台来说，存货是公司买入准备用于酿造的高粱、大米，财务报表中称为原材料，是正在酿造的飞天茅台，财务报表中称为在产品或者自制半产品，也包括存放在仓库包装好的飞天茅台，财

务报表中称为库存商品。

表 1-1　贵州茅台存货分类表

存货类型	具体内容
原材料	准备用于酿酒的高粱、大米、小麦等
自制半成品	库存的基酒、已完成勾兑的稳酒期的库存酒
在产品	处于加工状态或还未入库的产品
库存商品	已完工，质检合格等待销售的产成品
周转材料	待销售酒类的包装材料

资料来源：贵州茅台酒业财务报告

（二）茅台酒业存货管理分析

1. 数据采集

贵州茅台通过线上线下双渠道对存货管理所需信息进行采集。线下主要是从各分销商处获取数据，线上主要通过天猫旗舰店、京东旗舰店等网上商城以及"茅台云商"手机 APP 等渠道对市场的数据信息进行采集。主要采集的数据信息包括产品的销量、价格、地区分布，消费者偏好、年龄、对产品的满意度和忠诚度等信息。例如：贵州茅台通过"茅台云商"手机 APP 终端的开发，使更多的消费者通过手机购买产品的同时，也能够通过消费者的个人信息注册了解到客户的姓名、所在地、联系方式等信息。同时，贵州茅台还通过网上商城的购买数据记录每一瓶茅台酒的去向、销售区域和销售时间。

2. 数据处理

贵州茅台与阿里云合作，利用阿里云在大数据、云计算上的优势，对采集到的数据进行分析处理，将收集到的数据通过后台的大数据分析，总结出规律，判断市场结构和需求，对客户市场进行细分。例如对收集到的顾客购买力、消费偏好、位置等信息进行分析，通过数据分析结果得出客户对茅台高端及中低端酒的消费偏好，进而对客户分类、对客户群体进行细分，针对性地生产满足市场不同消费者需要的产品，同时通过数据分析处理，发现新的潜在需求，抢占新的市场份额，例如根据当前女性消费者越来越多的现象，悠蜜茅台伴侣等女性偏好的产品开始走向市场。

3. 数据共享

贵州茅台建立了数字茅台系统，将分布在全国各地的上千家专卖店通过互联网连接，通过这一系统建立了茅台的域网，与经销商共享市场终端信息，实现了数据信息全程监控，使存货需求从订单到配送的流程变得更加快捷和高效。目前，贵州茅台建立了完善的质量追溯和信息监控体系，整合制酒、制曲、酒库、包装等生产数据，通过以生产信息为主线并整合流通环节信息，茅台酒实现了从原材料采购到最终消费的数据信息监控。销售的每一批货物，从仓库开始就已经开始被监控，发货的批次、数量、车牌号、目的地等信息都会实时反馈到数据中心，随车的"黑匣子"会全程监控录像，确保消费者收到货物的数量和质量。通过数据互联互通，使生产者和消费者之间可以互相了解，从而更准确地定位需求，提高服务质量。

4. 库存管理

（1）搭建网上采购平台

基于"互联网+"信息技术的发展，贵州茅台摒弃了原有各部门分离核算及采购清单制定的模式，搭建了原材料采购平台，企业所需原材料信息将会在采购平台统一发布，供应商可以随时根据采购平台更新的采购信息进行投标登记，茅台公司再根据各供应商提供的产品和服务，选择最具竞争力的供应商进行合作，这种基于"互联网+"背景下的采购平台的建立，不仅能够降低原材料采购成本，还能提高采购效率。

（2）建立物资供应部自动化仓储系统

"互联网+"时代，贵州茅台在仓储方面进行了改革，建立了物资供应部自动化仓储管理信息系统，即通过各级管理人员进行信息的传递、管理，实现自动化存取仓储管理，确保在生产制造产品时能够做到自动化存储、分拣、调配。贵州茅台建立的这一仓储管理信息系统，主要管理的是茅台酒及系列酒生产所用的各种包装材料，例如包装盒、瓶盖等的生产调配。作为生产过程中心环节的自动化仓储信息管理，为公司的各部门管理者提供了相对快速且有效的信息管理和互动平台，管理者可通过这个系统实现信息实时分享，快速掌握各种存货的信息，使存货的保存由静态储存变成动态的监管，也使得公司生产工艺的安排更合理，生产效率提高，生产环节的存货管理成本降低。

（3）构建智慧物流体系

贵州茅台于2014年组建了物流公司，通过与中国物流公司合作，大力发展智慧物流，扩展冷链物流，茅台物流实现了由企业物流向物流企业的快速转型、由基础物流服务向供应链服务的转型升级。贵州茅台通过将"互联网+"引入企业的物流环节，整合资源、优化流程，通过物流效率的提高来带动存货周转速度的加快。目前，茅台物流已形成了完善的网络布局和成熟的商业运营模式，公司能够根据物流的资源、流程和成本来决定企业的采购、制造和销售行为。通过整合生产数据和物流信息，结合茅台酒"RFID 防伪溯源"，贵州茅台实现了由原料到消费全生命周期的信息共享。同时，贵州茅台通过在物流环节引入"互联网+"，能够充分利用"互联网+"背景下的信息技术，协调和管理整个配货网络、仓库地点、配货中心及工厂，以及协调它们之间的交通模式，保证高效仓储和货物运输，从而优化企业的库存水平，降低企业的存货管理成本。

（4）建立贵州茅台网上商城

2013 年，贵州茅台建立了天猫官方旗舰店，开始尝试在网上直销旗下的产品。2015 年，茅台又建立了"e 茅台"网上商城，开始打造属于自己的网上销售平台。2016 年手机 App"茅台云商"上线，开始通过移动终端销售产品。茅台互联网销售平台的建立，能够更清楚地了解消费者真实的需求，从而更好地对整个白酒行业的市场做出准确预测，推动产品生产的创新，同时，还可通过该平台，加强用户体验感，开发适合消费者不同层次需求的产品，对产品的宣传与推广起到了润物无声的作用。同时，贵州茅台借助互联网平台，不断完善信息化系统，实现了企业供应、生产与销售的完美整合，也加强了与客户甚至与消费者的沟通与交流，建立了消费者购买渠道，更好地赢得了市场的主动权，实现了产品的精准生产与销售，科学及时地调整了产能水平和产品结构，有助于存货管理水平的提高。

四、尾声

贵州茅台公司引入互联网技术实施库存管理，降低了存货管理成本，提高了存货管理效率，取得了不错的管理成效，不仅为公司带来了收益，而且为公司管理水平提升找到了一条新路径。

思考题：

1. 什么是存货？请以酒企业为例举例说明。

2. "互联网+"的发展为贵州茅台带来了哪些机遇与挑战？

3. 请简述如何利用"大智移云物"助力企业提高管理水平。

参考文献：

［1］刘信建．互联网背景下企业存货管理探究［J］．当代会计，2018（08）．

［2］程平，徐云云．大数据时代基于云会计的企业库存管理研究［J］．会计之友，2015（06）．

［3］王丽莉．企业存货管理中存在的问题及对策［J］．会计之友，2011（35）．

案例二　高效管理货币资金——以格力电器集团为例

摘要：货币资金是企业流动性最强的资产，适量的货币资金持有量是企业正常运转的有效保证。一个企业的货币资金持有行为反映了财务和经营方面的战略与企业治理状况。适当的货币资金持有行为可以促使企业的正常运营，但是过量或货币资金短缺都会对企业的经营状况产生不利的影响，例如，过量持有货币资金可能会造成资源浪费，货币资金短缺时投资机会也会减少。因此，货币资金管理不仅是企业进行财务管理的重中之重，还是一个企业能够持续经营的根本保障。本案例以货币资金持有相关理论作为理论基础，从格力电器的货币资金持有水平现状出发，将其和同行业企业的货币资金持有水平进行比较，研究格力电器通过其特有的运作模式积累高额的货币资金以及该模式的特征。通过本案例的学习，希望学生能够增强货币资金管理意识，在维持公司正常经营情况下提高对货币资金管理的水平，解决企业资金短缺问题，将资金用在关键之处，最终保证资金的流动性及其带来的盈利性。

关键词：货币资金　超额资金　资金利用

一、引言

货币资金是企业流动性最强的资产之一，货币资金持有行为是企业重要的财务决策。一方面，货币资金的持有水平与企业的资源配置以及其流动性风险方面有密切的关系；另一方面，货币资金持有水平也深深地影响着企业的资本成本和其在投资方面的能力，并决定着企业盈利能力与其在市场上的价值，从而推动企业在激烈竞争的资本市场中成为佼佼者。

基于优序融资理论、委托代理理论和权衡理论这三个理论，货币资金持有的影响是双重性的，一方面货币资金持有对企业的融资有缓解作用，可以有效地降低融资过程中可能发生的风险，以及在降低融资成本方面发挥重要的作用，还能够提升货币资金的价值，对企业的财务弹性有重要影响；另一方面，在复杂的资本市场，存在信息不对称，公司货币资金持有可能会使管理层出现损害企业的行为。当企业货币资金持有短缺时，会给企业带来资金链断裂、企业财务危机增加和投资机会减少等风险；当货币资金溢余时，同样会产生代理问题、资金利率低下等负面影响。基于此，本案例运用相关理论，通过对格力电器货币资金持有现状进行系统的分析，对其货币资金持有量现状做出评价，并分析其持有高额货币资的原因和运作模式，进一步加强公司货币资金持有管理。

二、格力电器基本情况

珠海格力电器股份有限公司（简称：珠海电器）成立于1991年，1996年11月在深圳证券交易所（简称深交所）挂牌上市。公司成立初期，主要依靠组装生产家用空调，现已发展成为多元化、科技型的全球工业制造集团，产业覆盖家用消费品和工业装备两大领域，产品远销160多个国家和地区。

坚持创新驱动。格力电器提出研发经费"按需投入、不设上限"。经过长期沉淀积累，目前累计申请国内专利88765项，其中发明专利45855项；累计授权专利51396项，其中发明专利12562项，申请国际专利4216项，其中PCT申请2273项。发明授权连续五年进入全国前十。现拥有33项"国际领先"技术，获得国家科技进步奖2项、国家技术发明奖2项、中国专利金奖2项、中国外观设计金奖3项。据日经社2020年统计发布，格力家用空调全球市场占有率达20.1%，位居行业第一。

坚持质量为先。格力电器恪守诚信经营的宗旨，以客户需求为导向，严抓质量源头控制和体系建设。2021年上半年公司实现营业总收入920.11亿元，同比增长30.32%；利润总额109.76亿元，同比增长42.62%；实现归属于上市公司股东的净利润94.57亿元，同比增长48.64%。

长期以来，格力电器坚持以习近平新时代中国特色社会主义思想为指引，不忘初心、牢记使命，坚守实体经济，坚持走自力更生、自主创新发展道路，加快实现管理信息化、生产自动化、产品智能化，继续引领全球暖通行业技术发展，在智能装备、通信设备、模具等领域持续发力，创造更多的领先技术，不断满足全球消费者对美好生活的向往，在智能化时代扬帆再启航、谱写新篇章！

三、格力电器货币资金管理概况

（一）格力电器类金融资金运作模式

格力电器采用的是类金融模式的资金运作模式。类金融模式是指零售商与消费者之间进行现金交易的同时，延期数月支付上游供应商货款，这使得其账面上长期存有大量浮存现金，并形成"规模扩张—销售规模提升带来账面浮存现金—占用供应商资金用于规模扩张或转作他用—进一步规模扩张提升零售渠道价值带来更多账面浮存现金"的资金内循环体系。

（二）格力电器货币资金持有水平现状

本案例选择格力电器 2016—2020 年的财务数据进行研究分析，格力电器 2016—2020 年货币资金持有水平如表 1-2 所示。

表 1-2　格力电器 2016—2020 年货币资金持有水平　　　　单位：亿元

项目	2016 年	2017 年	2018 年	2019 年	2020 年
货币资金	957.50	996.10	1131.00	1254.00	1364.00
资产总计	1824.00	2150.00	2512.00	2830.00	2792.00
货币资金持有水平	52.49%	46.33%	45.02%	44.31%	48.85%

数据来源：东方财富网格力电器 2016—2020 年财务分析数据

从表 1-2 中的数据可以看出：格力电器的资产规模与货币资金量近年来一直处于不断上升的状态，货币资金总量从 2016 年的 957.5 亿元增长到 2020 年的 1364 亿元。从货币资金持有水平来看，从 2016 年开始，货币资金占资产总额的比例逐年下降，保持在 45% 左右，2020 年货币资金持有比率达到 48.85%，并未超过 50%。

通常来讲，现金持有水平的高低反映企业的资金储备率水平，货币资金持有水平越高，一般可以认为其企业经营上的风险会较低，因为企业有充足的资金储备偿还企业的债务；当货币资金持有水平较低时，侧面也反映出其偿债能力较弱，没有充足的现金偿还债务，资金链可能出现断裂的风险。总体来说，货币资金具有两重性，如果货币资金过多对企业来说并非一件好事，可能表明一个企业资金利用率相对不高。

表 1-3　格力电器 2016—2020 年货币资金明细表　　　单位：亿元

项目	2016 年	2017 年	2018 年	2019 年	2020 年
库存现金	0.02	0.03	0.02	0.01	0.00
银行存款	544.89	591.71	644.18	621.05	780.22
其他货币资金	61.08	86.31	36.08	106.95	186.93
存放中央银行款项	27.06	29.43	30.48	30.16	20.40
存放同业款项	324.48	288.62	420.03	479.29	351.91
小计	957.54	996.10	1,130.79	1,237.47	1,339.47
应计利息	0.00	0.00	19.44	16.54	24.66
合计	957.54	996.10	1,150.23	1,254.01	1,364.13
其中：存放在境外的款项总额	2.50	24.50	8.20	6.31	6.38

数据来源：格力电器 2016 年—2020 年年报整理获得

从表 1-3 可以看出：格力电器的货币资金构成主要有库存现金、银行存款、其他货币资金、存放中央银行款项、存放同业款项等。其中，其他货币资金主要为银行承兑汇票保证金、保函保证金、信用证保证金存款等，这些资金为受限制资金，除此之外，公司存放中央银行款项中法定存款准备金使用受到限制。

（三）格力电器资金运作特点

格力电器货币资金逐年增加，主要原因是由于盈利能力提升的结果，其货币资金是通过自身的积累形成的。格力电器采用类金融资金运作模式获取高额的货币资金，运用资金周转的时间差，发挥货币的时间价值，使利用率达到最大效果。

1. 现金周转期短

现金周转期与企业短期筹资需求量是密切相关的，现金周转期是指企业购买原材料—销售商品—收回现金的天数，现金周转期＝应收账款周转期-应付账款周转期+存货周转期。当经营周期接近应付账款周转期时，现金周转期等于零，当经营周期小于应付账款周转期时，则为负现金周转期，从表1-4可以看出，格力电器就是属于这种情况，格力电器在2016年和2020年两年现金周转期为负，这表明格力电器筹资成本低，有大量浮游现金可供企业用于经营。现金周转期越长，表明企业需要去筹集更多的资金，因为企业现金周转困难，占用了大量的营运资本，现金周转期越短，则说明利用供应商的资金时间越长，现金周转期为负数，说明格力电器利用供应商的资金为企业经营提供了无息的流动资金，不仅为企业节省了筹资成本，还可以利用多余的资金进行再投资。

表1-4　格力电器2016—2020年营运资金周转期　　　单位：天数

营运能力指标	2016年	2017年	2018年	2019年	2020年
存货周转天数	45.69	46.27	47.63	55.31	75.29
应收账款周转天数	84.01	86.01	74.21	47.35	18.46
应付账款周转天数	134.17	115.87	95.78	101.16	106.17
现金周转期	-4.47	16.41	26.06	1.50	-12.42

数据来源：东方财富网格力电器2016—2020年财务分析数据

2. 强势占用上游资金

格力电器采用类金融模式进行资金管理，体现了其竞争力极强。在该模式下，格力电器对上游供应商资金占用过多。

表1-5　格力电器2016—2020年资金结构　　　单位：亿元

资产负债表	2016年	2017年	2018年	2019年	2020年
货币资金	957.5	996.1	1,131	1,254	1,364
银行借款	107	186.5	220.7	159.87	221.61
应付票据及应付账款	386.7	443.2	498.2	669.4	530.3
其中：应付票据	91.27	97.67	108.4	252.9	214.3
应付账款	295.4	345.5	389.9	416.6	316
负债合计	1,274	1,481	1,585	1,709	1,623
有息负债率	8.40%	12.59%	13.92%	9.35%	13.65%

数据来源：东方财富网格力电器2016—2020年财务分析数据

表1-5可以看出：格力电器的银行借款很少，导致有息负债率很低，其源

于格力电器与上游供应商之间的稳定供货关系，格力电器利用自身采购规模化、稳定的采购需求和其强大的品牌优势，大量占用供应商的资金，主要是通过增加应付款项的方式来实现，利用应付账款和应付票据这类无息负债进行规模扩张，占用供应商的资金作为格力电器的资金来源。

应付账款方面，供应商放宽格力电器的应付账款付款期限，这得益于格力电器拥有规模化的采购订单以及格力电器的品牌地位优势，与此同时，格力电器会主动争取更长应付账款付款期限，并且尽量选择应付账款的形式进行付款，而不是应付票据的形式，这样可以使资金的付款期限延长。

应付票据方面，格力电器主要用应收票据质押的方式，进行资金的周转。格力电器会把经销商的银行承兑汇票质押给银行，同时支付给上游供应商开具的新的银行承兑汇票。格力电器的年报显示，应收票据用于质押和背书，且这部分用途的应收票据占应收票据40%以上。质押和背书的应收票据，可以换取现金，格力电器再将这部分现金用于生产经营、投资扩张，完成其发展战略。格力电器的这种融资方式提高了资金的周转速度，省去了贴现的成本，降低了财务风险。

格力电器应付账款占流动负债比例从2016—2020年一直在23.19%左右，而应付票据占比在9.82%左右，这两项负债几乎都是来自供应商的货款，格力电器强势占用上游资金，为企业运营提供了大量免息资金，从而节约了成本，实现了企业的快速扩张。

3. 先款后货占用下游资金

格力电器对其下游的经销商采用的是先款后货的策略，格力电器的经销商一般都具有较好的市场认可度，这种先款后货的策略，带来了格力电器的预收账款。先款后货的主要特点是可以让经销商严谨地挑选货物，降低进货不当导致占用企业资金的情况，还能够使格力电器交易有保障，降低经销商拖欠货款的交易风险，保障格力电器拥有充沛的现金流以支撑企业的生产经营和再投资。

格力电器将一部分应收票据质押给银行，开具应付票据，推迟票据到期日，让企业利用货币资金的时间价值来增值。先款后货的方式让格力电器的坏账率也降低了，银行承兑汇票最长6个月，格力电器利用这个时间差完成销售全流程，不仅增加了公司利润，还能额外持有一定量的现金，资金流动率变好。这种充分利用银行承兑汇票的期限，就是格力电器类金融模式运作方式的体现。这种模式可以缓解降低资金的紧张程度，此外，经销商也不用支付现金，也降低了其资金压力。再从应收票据质押的角度看，根据需求可以分开开具应付票据，当经销商同意付款时，上游供应商的资金就有了保障，还可以降低票据贴现的利息，格力电器对于应收票据的剩余部分，可以提现用于其他用途。格力电器的这种类金融模式类似于可靠的中间商，将上下游的供应商和经销商双方的资金联合起来使用，不仅可以为自己争取更多的现金，降低自身财务风险，还可以保障整个供应链的稳步运行，并且增强了格力电器在上下游的话语权，使其占据主导地位。

四、格力电器货币资金管理经验

（一）控制现金流量

控制现金流量，需要从加速现金收入、延缓现金支付方面着手。格力电器具有较强的议价能力及竞争能力，付款时间十分灵活，把有限的资金用在刀刃上。格力电器充分利用了上下游之间资金供应与使用的时间差调度资金，节约支出，提高资金的使用效益。在有息借款方面，严格管理，控制借款额度，搞好资金节流工作。不盲目进行借款，以此降低有息负债率，压缩使用资金成本，把好资金支出主流关。

（二）合理使用商业信用

类金融模式在制造业企业中被广泛使用，但是也要注意该模式的使用可能带来严重的银行信任危机，类金融模式的成功运用依赖企业的商业信用。商业信用是指在商品交易中由于延迟付款或预收贷款所形成的企业间的信贷关系，是一种自然性融资，其具体形式有应付账款、应付票据、预收账款等。对于多数企业来说，商业信用筹资比较容易取得，是一种持续性的信贷形式，如果没有现金折扣或使用不带息票据，商业信用筹资不负担成本。企业可在不损害企业形象和信誉的基础上，取得合理的商业信用进行融资。过度消耗企业的商业信用也会带来风险，比如债务不及时偿还、企业违约等。商业信用的运用则会起到反作用，不仅不能给企业带来好处，反而会使企业的风险加剧，格力电器凭借其上下游的话语权以及强大的企业供应链影响力使得这一风险没有提高。

（三）维持上下游关系

合作才能共赢，格力电器与上下游之间维持一个良好平衡的合作关系，其尊重上下游，使双方都能够拥有一定的话语权，这样促进了双方更快实现长久共赢关系。然而，格力电器并没有只顾眼前利益，而是退一步，以实现共赢的目的，这样它在激烈的市场竞争中拥有了一席之地，虽然上下游的地位不同，但是都是不可或缺的，一旦缺少一环就造成渠道的不稳定，从而限制格力电器的发展。格力电器与供应商之间的货款，能够放缓付款期限，就是由于其降低占用供应商的资金时间，对于占用经销商的资金问题，可以换位思考，合理分配供应商的利益，尊重上下游的地位，不过度挤占供应链渠道资源，尊重各环节渠道的话语权，和渠道各成员形成相辅相成、互利互惠最终形成长远的合作共赢关系。

五、小结

一方面，企业要加强货币资金管理，提高资金使用效率，产生更大规模的资金并投入生产，进入资金使用的良性循环。另一方面，企业要结合自身情况制定有效的现金持有策略，充分利用现金持有积累给公司价值带来的正向效应，通过提高企业治理水平，避免由于委托代理问题造成的代理问题及过度投资问题，降低超额现金的持有，提升现金持有价值。

思考题：

1. 分析格力电器货币资金管理的优势与劣势。

2. 简述格力电器类金融模式的资金运作模式。

3. 如果你是某公司的财务经理，你如何根据本公司的业务特点，制定出科学合理的货币资金管理模式？

参考文献：

[1] 程平，陈珊. 基于云会计的财务共享服务中心货币资金管理 [J]. 会计之友，2016（14）.

[2] 孙一敏. 论企业货币资金管理 [J]. 山西财经大学学报，2011，33（S3）.

[3] 侯振亚. 浅析如何加强企业货币资金管理 [J]. 现代经济信息，2019（21）.

案例三　如何"数清"獐子岛的扇贝

摘要：本案例描述了獐子岛集团"扇贝出逃"事件，以该事件为主线展开关于獐子岛集团存货异常的讨论，结合獐子岛集团存货管理方法，提出生物性资产管理的难点和关键点。作为水下养殖业企业的獐子岛集团，其存货大多难以直观计量，很多是在水中且流动性较大，难以有效地进行存货的计量与确认，这些特点使得存货管理的难度加大。本案例旨在分析獐子岛集团存货管理情况，使学生进一步了解生物资产管理的难点，引导学生掌握存货管理的关键点。

关键词：生物资产　存货　核销

一、引言

獐子岛集团目前在黄海北部建成了规模化、标准化、世界级现代海洋牧场，覆盖海域面积 1600 平方千米，养育虾夷扇贝、刺参、鲍鱼、海螺等海类产品，有一天獐子岛集团的扇贝突然"失踪"，渔民们开始恐慌和疑虑：播撒的种苗怎么都不见了？大家数不清也猜不透，这究竟是天灾还是人祸？

二、獐子岛集团概况

（一）獐子岛集团简介

1958 年，一个企业依托着一座岛屿建立，成为一家综合性海洋食品企业。2001 年名称由獐子岛集团渔业集团有限责任公司变更为大连獐子岛集团渔业集团股份有限公司。于 2006 年在深交所上市，是中国第一个百元农业股。2008 年它在美国和中国香港地区都建立了子公司，从此开始拓展海外业务。2012 年公司再次更名为獐子岛集团股份有限公司，獐子岛的主要产业包括海洋牧场、休闲渔业、冷链物流和水产加工，在黄海北部建成了 1600 平方千米的现代海洋牧场，并成为国内最大的海珍品底播增养殖企业。在远离大陆 56 海里的 230 万亩国家一类清洁海域上，养殖扇贝、海参、鲍鱼、珍蚝、海螺、海胆、藻类等多种类型产品，是国家级海洋牧场示范区，也是中国唯一通过地中海航运公司（MSC）认证的虾夷扇贝渔场。公司主要经营海参、鲍鱼、贝类、鱼类、虾蟹类的活品、冻品、调理食品及休闲即食加工品等，品类350余种，蒜蓉粉丝贝、即食海参及多款休闲食品成为爆品。在中国大连、山东、福建、韩国、日本、北美等地设立了海珍品增养殖基地、全国现代种业示范场、国家虾夷扇贝良种场、国内一流的海参鲍鱼育养基地。公司整合全球水产资源，拓展"活品、冻品、海参、海外、电子商务"五张销售网络，在美国、加拿大、中国香港和台湾地区设立分支机构。獐子岛与日网、大光、7-11、澳大利亚WOWS超市、沃尔玛等国际连锁品牌合作，使得海洋食品批量进入全球终端市场。

（二）獐子岛集团的存货变动

表1-6　存货期末余额含有借款费用资本化金额的说明（2014）　单位：万元

存货项目名称	期初余额	本期增加	出售减少	本期减少		资本化率（%）
				其他减少	期末余额	
虾夷扇贝	11, 167.67	4, 598.58	5, 525.84	7, 571.31	2, 659.10	6.51
海参	509.04	372.57	214.02		667.60	6.51
鲍鱼	177.59		97.20		80.39	6.51
其他	227.09	157.96			385.04	6.51
合计	12, 071.39	5, 129.11	5, 837.06	7, 571.31	3, 792.13	

数据来源：獐子岛2014年度报告

表1-7　獐子岛2013—2019年存货期末余额　　　　单位：万元

年份	存货期末余额
2013	268, 435.22
2014	170, 675.56
2015	154, 340.10
2016	175, 135.43
2017	120, 917.08
2018	113, 885.86
2019	70, 475.27

数据来源：獐子岛2013—2019年度报告

由表1-7可知存货由2013年的268435.22万元下降至2014年的170675.56元，存货骤减近五成，这真的是扇贝"逃跑"了吗？从2018年113885.86万元下降至2019年的70475.27万元，是扇贝的再次"出逃"吗？

三、獐子岛集团事件

獐子岛集团上市后，在2014年、2017年、2019年都发生了扇贝死亡或逃走的事件，共三次。

（一）扇贝的第一次"出逃"

2014年7月，獐子岛集团对外发布：公司正在抽测秋季虾夷扇贝存货的数量，部分海域撒播的虾夷扇贝存货数量存在异常，可能导致巨大损失。从而得出公司的海洋牧场因遭遇冷水团低温和变温并营养盐变化，以及受到了沿岸流锋面这些自然灾害导致了扇贝的"失踪"。

獐子岛集团召开第五届董事会第十七次会议，经协商后，董事会成员通过了《关于部分海域底播虾夷扇贝存货核销及计提存货跌价准备的议案》。一方面，核销105.64万亩海域的存货，取消对本轮涉及的账面价值734619349.87元扇贝采捕；另一方面，在43.02万亩海域内原本账面价值为300601467.51元的虾夷扇贝，计提存货跌价准备283050000.00元。由于"北黄海遭到几十年一遇异常的冷水团"造成2011—2012年播撒的100多万亩即将变现的虾夷扇贝绝收，獐子岛集团的生物资产遭到大量"损失"。此外，存货应负担的本年第四季度的利息未予资本化、日元汇率下降产生汇兑损失等原因给獐子岛集团带来财务费用为149731163.53元，增长85.68%。从正数到负数的利润难道就这样与扇贝一起绝迹海洋了？

（二）扇贝的第二次"出逃"

不久后，扇贝又离家出走了。2017年獐子岛集团表示："海洋牧场受到了自然灾害的影响，存货期末余额较期初减少30.96%，主要原因为期末对底播虾夷扇贝的存货核销，并且计提跌价准备638301155.74元。"又一次的"天灾"让活生生的扇贝绝收和减产。獐子岛集团对生物性资产进行大量核销，包括2014年播种的20.85万亩扇贝，2015年播种的19.76万亩扇贝以及2016年播种的3.61万亩扇贝（以前年度已经捕捞），这些核销量占总数的42%。

2018年1月31日，獐子岛集团称：年末存货盘点时发现异常，2017年预计亏损7.2亿元，再次盘点时亏损金额为6.29亿元，这和2017年第三季度预告的盈利1亿元有天壤之别，亏损金额是2016年净利润的8倍。年末累计未分配利润余额-15.73亿元，对于消耗性生物资产进行大量核销，獐子岛集团2017年核销消耗性生物资产 57757.95 万元，高达 2017 年净亏损的 79.58%，期末结存的消耗性生物资产净值较上期末下降 64.94%，截至 2017 年 12 月 31 日，公司的年度报告中消耗性生物资产余额为 43246.66 万元，计提存货跌价准备 6072.16 万元，消耗性生物资产期末余额占资产总额比重 9.43%，每股净资产仅有 0.49 元。

（三）扇贝的第三次"出逃"

獐子岛的岛民针对 2019 年年末发生扇贝死亡事件提道：邻近的岛近年都是丰收，为什么扇贝在獐子岛海域频频死亡，这确实让人匪夷所思。根据獐子岛的岛民描述：往年养殖扇贝丰收的时候贝壳如果只有手掌心大小，那么这些被捕捞上来的小扇贝一般都会被扔回海里继续养殖，养殖的扇贝周期性进行捕捞，以达到标准大小，但是 2019 年捞上来的扇贝不同了，无论是否达到标准尽收网中，为了满足生产的需要，獐子岛集团的船也开始不断地进行捕捞。

2019 年年末，獐子岛集团还没有查明扇贝死亡的原因就停止了播撒苗种，为了减少成本，2020 年第一季度獐子岛集团宣布再次缩小养殖海域，对于海况相对复杂的海域不再进行养殖，并且暂停约 150 万亩的养殖海域。

獐子岛集团 2019 年的年报中列示消耗性生物资产余额为 20180.72 万元，计提存货跌价准备 6055.44 万元。高层领导 M 表示："每个年度终了獐子岛集团都对生物资产进行抽盘，推测期末生物资产的结存数量，当消耗性生物资产抽盘结果为可变现净值低于其账面价值时，按照两个值的差额计提生物资产跌价准备并计入当期损益，对亩产过低区域通过测算采捕销售收入不足以弥补采捕费等变动成本时，对该部分海域存货成本进行核销处理。"

四、獐子岛集团存货管理的难点和关键点

（一）存货管理的难点

农业公司的生物资产具有特殊性，一般需要较长的生长期，而在整个生长期内，生物资产还会发生体积和形态上的变化，这就直接导致存货难以有效地计量和核算。獐子岛集团的主要业务是在海底繁育产品，这种养殖手段对自然生态条件的敏感度极大，极易受到水温、底质、养殖密度以及日照的影响，这些环境因素一旦发生改变，产品的生长状态就会受限，甚至会使得产品灭活，导致公司经济利益流失。例如：温度会影响虾夷扇贝的生长发育，最适宜扇贝生长的温度是摄氏 15℃左右，同时，温度也会影响饵料生物的生长，海水深处的饵料生物更容易受到影响，不合适的温度会导致虾夷扇贝的食物匮乏，营养摄入不足，发育缓慢甚至可能死亡。獐子岛集团消耗性生物资产虾夷扇贝的生长条件较为苛刻，全部集中在水深超过 20 米的养殖海域，且底播面积巨大，单位以万亩计量，使得獐子岛集团在存货盘点时面临不小的难度，将扇贝全部捞起来计算数量不现实，只能选取抽测估算的方式进行盘点。底播面积巨大，根据捕捞面积与养殖面积的比例计算应转账面存货成本，其成本是难以可靠地计量的，实物量无法确定，必然导致生物资产的后续成本无法可靠地计量，直接导致生物资产的确认不够准确。

（二）存货管理的关键点

水产养殖业，是通过苗种放养、繁殖培育出的各种浮游生物，产值与自然条件和环境有很大关系，导致成本大小具有很大的不确定性，很难对其有合理的估价。面对养殖类企业存货盘点，核销的存货数量是否真实，无论是核销的还是活得好好的扇贝，需要掌握盘点的关键点。

第一，獐子岛集团需要在每个年度终了对包括扇贝、海螺、海参等生物资产进行抽盘，并根据抽盘结果推测生物资产期末应有的结存数量，一方面，对部分区域因亩产下降而导致消耗性生物资产的可变现净值与账面价值相比较小时，按照两者之差计提存货跌价准备，同时计入当期损益，对亩产过低区域经测算采捕销售收入不足以弥补采捕费等变动成本，对该部分海域存货成本进行核销处理。

第二，根据以往年度獐子岛集团盘点报告及结果处理情况，确定生物资产盘点处理方法的适当性，是否符合企业会计准则的要求，将上一期计提的减值准备和本期的存货减值准备进行比较，从而对销售额、生产周期、成本等进行分析，达到评估计提存货减值准备的目的。

第三，通过计算得出采捕期预计的养护成本、采捕成本、生物资产的市场价格、成活率、销售费用和运输费用等生物资产可变现净值中所用的关键假设和输入值，为存货的处理做好准备。

第四，协商盘点计划、选取样本及现场盘点，利用专家工作来协助测算实际数量、评估生物资产的成熟度和品质状况等，需要对獐子岛的账面苗种采购、投放原始记录和采捕记录等进行仔细核实，为了能将生物资产期末账面金额数值与账面记录进行比较，就需利用重点检查方法推导，从而评估生物资产减值中采用的方法是否符合企业会计准则的要求，并重新测算。

五、结束语

存货是企业的重要资产，一个公司存货管理水平的高低，会对公司的流动性、经营收益和发展产生很大影响，企业要想在竞争中立处于不败之地，必须要对存货进行合理、有效控制，在成本与收益之间取得平衡，使公司的库存量保持在一个经济、恰当的水平，尤其是对于水产养殖企业来说，生物资产的管理更加重要。

思考题：

1. 在本案例中，简述獐子岛集团大量核销存货的原因。

2. 简述养殖企业对生物资产实施存货管理的注意事项。

3. 结合本案例，思考对于扇贝、海螺、海虾等消耗性生物资产，企业在存货管理过程中的重点任务是什么？

参考文献：

尚扬. 生物资产存货管理问题探究——以獐子岛为例 [J]. 现代营销（下旬刊），2020（7）.

案例四　行之有效的库存管理

摘要： 存货是企业一项重要的流动资产，同时也是反映企业规模、确保企业生产各个环节平稳衔接的重要条件。企业要想保持较高的盈利能力，就需要重视存货管理，即在存货成本与存货效益之间做出权衡，以达到最佳组合。存货管理水平高低会影响到企业的市场竞争力，存货资金占用合理程度会直接反映企业存货管理的水平和资产运作效率。因此，本案例以存货管理的基本理论作为理论基础，研究美的集团的 VMI 存货管理模式，将其与传统的存货管理模式及同行业格力电器的 MES 系统和青岛海尔的零库存下的即需即供模式进行对比分析，最终得出对美的集团存货管理模式的启示。本案例梳理美的集团存货管理模式，希望通过本案例的学习，学生能够深入了解存货管理基础概念，增强存货管理意识，使企业能够正常运行。

关键词：存货管理　VMI存货模式　存货成本

一、引言

存货对于企业资金周转、生产活动等都产生着巨大的影响，是企业资产中不可或缺的部分。存货管理是指企业对存货实施有效管控，包括存货资产结构分布、存货资产质量、存货管理模式、存货周转状况、存货成本、存货效益等多项内容。存货资产结构分布不合理、库存过多、存货周转缓慢，存货占用流动资金就多，利息负担就会加重，但是如果过度降低库存，偏离实际生产则不能保证正常生产运营。存货管理要重点关注信息管理，管理模式结合存货管理信息系统，在满足正常生产经营或销售需要的前提下，加快存货周转，提高资产运作效率，降低存货成本、提高经济效益。

随着制造业发展的加快，多数企业集团都在努力寻找最符合企业发展战略的管理方式。由于在日常生产活动中有较多类型的原材料等存货，所以在制造业企业管理中存货管理是高度关注的问题。

企业想要保持供需平衡，就需要重视存货管理，能否做好存货的储存、控制管理工作将直接影响着企业经济效益的高低。美的集团根据自身优势，一方面在原材料库存管理方面加大力度，努力减少库存做到零库存；另一方面，加强与供应商的沟通合作，建立起符合各方需求的库存标准，从供应链的两端同时挤压成本，加快资金的周转速度和商品的流通速度，并实现供应链的整合成本优势。

二、美的集团基本情况

美的集团股份有限公司（简称美的集团）的前身是创办于1968年的一家乡镇企业，1980年正式进入家电业，1981年开始使用美的品牌。目前美的是一家消费电器、暖通空调、机器人与自动化系统、智能供应链（物流）的科技集团，提供多元化的产品种类，包括以厨房家电、冰箱、洗衣机及各类小家电的消费电器业务；以家用空调、中央空调、供暖及通风系统的暖通空调业务；以库卡集团、安川机器人合资公司等为核心的机器人及工业自动化系统业务；以安得智联为集成解决方案服务平台的智能供应链业务。

美的集团是国内唯一全产业链、全产品线的家电生产企业，公司以行业领先的压缩机、电控、磁控管等家电核心部件研发制造技术为支撑，结合强大的电机等上游零部件生产及物流服务能力，形成了包括关键部件与整机研发、制造和销售为一体的完整产业链。公司各主要家电品类的领导地位，一方面让公司能够提供全面且具竞争力的产品组合，另一方面也为公司在品牌效应、渠道议价、用户需求挖掘及研发投入多方面实现内部协同效应。

在成熟的一、二级市场，美的集团与苏宁、国美等大型家电连锁卖场一直保持着良好的合作关系；在广阔的三、四级市场，公司以旗舰店、专卖店、传统渠道和新兴渠道为有效补充，渠道网点已基本实现一、二、三、四级市场全覆盖，同时公司品牌优势、产品优势、线下渠道优势及物流布局优势，也为公司快速拓展电商业务与渠道提供了有力保障，公司已是中国家电全网销售规模最大的公司。

三、美的集团存货管理案例

（一）美的集团存货现状

1. 存货占比与构成

表 1-8　美的集团 2016—2020 年存货占流动资产和总资产比重表　单位：亿元

项目	2016 年	2017 年	2018 年	2019 年	2020 年
存货	156.3	294.4	296.5	324.4	310.8
流动资产	1,206	1,698	1,827	2,165	2,417
总资产	1,706	2,481	2,637	3,020	3,604
存货/流动资产	12.96%	17.34%	16.23%	14.98%	12.86%
存货/总资产	9.16%	11.87%	11.24%	10.74%	8.62%

数据来源：东方财富网美的集团 2016—2020 年财务分析数据

表 1-8 中可以看出：美的集团流动资产和总资产稳步增长，存货量从 2016 年到 2019 年逐年上升，但 2020 年有所下降。存货占流动资产和资产总额比值在 2020 年也达到近五年最低，说明美的集团在存货管理方面并未松懈，始终保持一定量的存货，并且不让存货占比过高。

美的集团的存货由库存商品、原材料、在成品、委托加工物资、低值易耗品等构成。由表1-9可以看出，美的集团存货的大部分为库存商品，占存货约66.31%；其次为原材料，占存货约18.68%；最后是在产品、委托加工物资、低值易耗品、已完工未结算等其他存货占存货总额的15%，原材料和其他存货在企业中占比较少。

表1-9 美的集团2016—2020年各类存货占比 单位：万元

项目	2016年	2017年	2018年	2019年	2020年
库存商品	1, 175000	1, 746000	1, 828000	2, 164000	2, 135000
原材料	284000	563000	512000	494000	733000
其他	103000	635000	624000	586000	240000
存货	1, 563000	2, 944000	2, 965000	3, 244000	3, 108000
库存商品占存货比例	75.21%	59.32%	61.66%	66.70%	68.69%
原材料占存货比例	18.18%	19.13%	17.27%	15.23%	23.59%
其他占存货比例	6.61%	21.55%	21.06%	18.07%	7.72%

数据来源：美的集团2016—2020年年报整理

2. 存货管理水平

表1-10 同行业2016—2020年存货周转天数

年份	2016年	2017年	2018年	2019年	2020年
美的集团	40.6	44.96	56.53	56.47	53.72
格力电器	45.69	46.27	47.63	55.31	75.29
青岛海尔	52.24	60.46	62.02	64.71	70.4

数据来源：东方财富网财务数据整理

每个企业都有其自身的特殊性，存货的流动性需要根据企业的具体数据来进行分析研究。对于美的集团来说，其存货周转天数2016—2020年，先从40.6天延迟到56.53天，之后又逐年缩短周转天数，说明美的集团对于存货的管理采取了相应的措施。从表1-10可以看出，同行业其他企业的存货周转周期略高于美的集团，并且每年存货周转时间都在增加。由此可以看出，美的集团的存货管理模式是十分有效的。

（二）美的集团 VMI 存货管理模式

VMI（Vendor Managed Inventory，简称 VMI）是一种以用户和供应商双方都获得最低成本为目的，在一个共同的协议下由供应商管理库存，并不断监督协议执行情况和修正协议内容，使库存管理得到持续改进的合作性策略。

1. 传统的存货管理模式

企业之所以进行存货管理，主要是为了减少因为缺货而带来的经营损失以及商品积压带来的各种经营风险。以前存货管理主要是立足于企业自身的经营策略，保证一定数量的存货，建立自己的仓库等，并将这些方案进行详细的规划并精确到核算单位，包含采购、仓储、财务等。在传统的存货管理模式中最常用的是经济订货量法和分类法，这两种方式的缺陷是企业仅仅从自身的经营策略出发来建立库存方案，忽略了与关联企业之间的沟通交流和信息共享，且企业的信誉度不高，这就使得供应链上出现大量的库存。

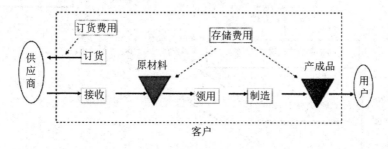

图 1-1　传统的存货管理模式

在传统的存货管理模式中，经济批量策略是企业降低成本的首要选择。一般企业存货的购买数量是固定的，倘若每一笔采购量过小，企业就会增加订单数量以期达到标准量，这就使得成本增加；倘若每一笔的采购量过大，又会使得企业在存货采购上耗费大量资金，从而导致企业没有充足的资金去开展其他投资活动，企业资金的机会成本大幅提高。

2. VMI 存货管理模式

供应商管理库存是客户把库存管理交给供应商。典型的 VMI 一般指卖方把货物存放在买方附近的仓库，消耗后结账，但库存水平控制和货物的物理管理都由卖方负责。

VMI 的特点一方面是信息共享，零售商帮助供应商更有效地做出计划，供应商从零售商处获得销售点数据并使用该数据来协调其生产、库存活动以及零售商的实际销售活动；另一方面供应商完全管理和拥有库存，直到零售商将其售出为止，但是零售商对库存有保管义务，并对库存物品的损伤或损坏负责。

这种库存管理策略打破了传统的各自为政的库存管理模式，体现了供应链的集成化管理思想，适应市场变化的要求，是一种新的、有代表性的库存管理思想。目前 VMI 在分销链中的作用十分重要，VMI 的管理理念是合作伙伴式，下游企业与上游企业保持良好的沟通合作，提高交货的效率，使得上下游企业都能降低自身的库存成本。与此同时，上游企业要及时补充库存为客户分担责任，而不再像以前那样只是单纯地执行用户采购订单，这样的模式可以大大减少下游企业的库存量。这种存货管理需要各方积极配合，共同努力来完成。

美的集团利用自身的信息系统，不仅强化对本企业原材料的管理，努力减少存货达到零库存目标，而且加强与销售商的沟通合作，建立满足各方需求的库存标准。

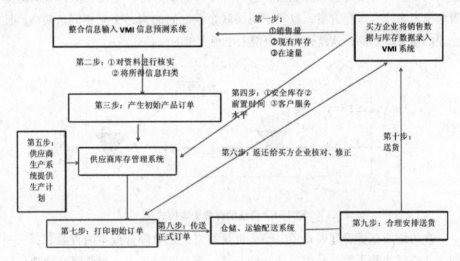

图 1-2　美的集团存货管理业务流程

第一部分是库存管理。这一部分主要由销售预测、库存管理、供应商生产系统三部分构成，因为当企业实施了 VMI 存货管理模式以后，这三部分的工作将由供应商和买方企业来共同完成，因而可以把这三部分归为一类来管理。系统先从买方企业获取相关产品详细的销售数据与库存信息，然后将销售数据和库存信息进行整合输入 VMI 信息预测系统中，由 VMI 信息预测系统来确认资料的有效性并将所得的信息进行分析归纳并产生初始产品订单：如果供应商现有的库存量能够满足库存系统做出决策所需要的产品数量，那仓储和运输系统将直接把产品配送到买方企业；如果供应商现有的库存量不能满足库存系统做出的决策，就需要供应商的生产系统生产产品，然后再通过运输系统将产品送给买方企业。在正式订单生成之前，还要把订单返还给买方企业核对修正，双方确认之后才生成正式订单。

第二部分是仓储和运输配送系统。这个系统不仅要做好产品的分拣入库和产品保管工作，而且还要负责产品的配送运输工作。产品要按照买方企业的要求及时准确送达，同时还要统筹各方面的现实情况选取出最经济高效的配送路线和配送方式等。

3. 零库存存货管理模式

海尔集团依据自身情况，依托先进的现代化信息技术和高效的管理理念引入"零库存下的即需即供"存货管理模式（零库存存货管理模式）。

"零库存下的即需即供"有两个核心：一是要保证产品新鲜，提供给消费者的产品一定是最新的。二是速度要快，以高效的资源整合速度来满足客户的要求。为了使每一个客户都能尽快得到满足，海尔抓紧每一个环节，从订单的预测评审、物料采购、系统下单、安排生产直至完工交付环环紧扣，整合所有可用资源。

首先，零库存存货管理模式大大减少了海尔集团的资金占用率，使得更多的资金从库存中解放出来投入企业的其他投资活动中，取得更多的收益，同时也使得企业的响应能力和资金利用率大大提升，而且供应商承担了海尔的仓库管理责任，这使得库存资金占用现象好转，同时也减少了不必要的损失，但是海尔的这种存货管理模式对销售环节和采购环节所出现的损耗以及相关的技术更新关注度不够，这使得整个环节的成本大大增加。

其次，海尔集团没有合理的客户服务系统，不能实时与客户和供应商展开积极的沟通交流，因而不能满足客户的各种需求，使企业流失很多好的客户资源，不利于企业提升自身的形象和经营利润。

最后，海尔集团对于科学高效的管理技术认识不足，忽视了其中的成本和代价，如此一个规模庞大的企业在生产的各个环节全部依赖人工来操作显然是很难完成的。而且海尔的任务一般是依照先后排序来开展的，这在一定程度上浪费了很多时间和精力，使得企业成本大大提高。

4. MES 系统

MES（Manufacturing Execution System）系统主要是为了提升企业的生产水平，努力缩减生产成本、收缩交货期、优化客服服务水平。基于以上目标，MES 系统充分利用计算机网络的便利性，将各个自动化的孤岛串联起来。MES系统使得企业整个生产过程完全自动化操作，实现了下层的自动化系统与上层ERP 系统的完美衔接。由此可见，作为提升我国企业信息化管理水平及整体运行效率的中坚力量，MES 的发展是不可忽视的。

早在 2008 年，格力电器就引入了 MES 系统，2009 年在易于控制的点电机、压缩机等重点物料上正式投入使用。目前，在格力的整个采购系统中，有将近90%的物料采购由 MES 系统控制，而其他的采购物料和自制物料则是由原来的生产物料控制系统 BAAN6 控制。格力电器的大部分采购物料都在逐步向 MES 系统方面转移，仅保留自制物料仍由 BAAN6 控制。

当前，格力电器生产物料主要由 BAAN6 和 MES 两个系统来管控。随着 MES 系统的不断完善，BAAN6 系统将被逐步取代。格力电器的存货管理主要通过内部信息化管理完成，这不仅能减少不必要的浪费，而且可以大幅度提升劳动效率，使内部管理更加科学高效；与此同时，利用经销商持股格力电器这一优势，格力可以将自身的库存分散给经销商以此来降低库存成本，但是，由于经销商积压大量格力电器的产品，一旦产品更新换代就会出现大量的隐性库存堵塞在整个供应链上，格力电器 2008 年的几十亿巨额库存就是由此产生的。其次，MES 的受控物料计划适用范围不明确。MES 和 BAAN6 两个系统同时运作，这使得企业各部门在使用时不知道哪个系统中有自己需要的物料资料只能挨个查询，无形中增加部门的工作量。最后，库存的管理过于粗陋，缺乏精细化的制度管理，使得公司资源极易受到挤压。

四、美的集团存货管理启示

（一）以"总成本领先"为导向的内部资源整合模式

美的集团的优势在于坚持"总成本领先"战略轨迹，不断平衡行业发展与自身发展之间的关系。无缝竞争时代的"总成本领先"首先是以超级产能规模为基础的行业成本领先，其中包括采购、生产、信息管理、渠道优化及服务效率的成本优势。在各个产业环节上一起发力，才能将单位产品的成本降到最低，形成全面优势。

（二）控制供应链前端：供应商管理库存

美的作为供应链里的"链主"，即核心企业，居于产业链上游且较为稳定的供应商共有 300 多家。其中 60%的供货商是在美的总部顺德周围，还有部分供货商在三天以内车程，只有 15%的供货商距离较远。在这个现有供应链之上，美的实现 VMI 的难度并不大。美的集团流传着一句话：宁可少卖，不多做库存。这句话体现了美的控制库存的决心。由于没有资金和仓库占用，零库存是库存管理的理想状态，美的一直在追求最大限度的零库存。2002 年开始，美的开始导入供应商管理库存（VMI），其自身良好的条件也为零库存的实践提供了可能。所有的库存成本都由供应商承担。也就是说，在零配件的交易之前，美的一直把库存转嫁给供应商。

（三）理顺供应链后端：管理经销商库存

在前端销售环节，美的为经销商管理库存。在控制供应链的过程中，美的对物流和信息流的处理为其存货管理成本的挤压提供了保障。为理顺经销商的信息渠道，美的在广东进行东软金算盘的进销存软件的装设试点。为经销商分担一半费用，并协助其实施。同时，公开了与经销商的部分电子化往来，由以前半年一次的手工繁杂对账，改为业务往来的实时对账和审核。这样，美的可以有效地削减和精准地控制销售渠道上昂贵的存货，而不是任其堵塞在渠道中，占用经销商的大量资金。

五、总结

存货管理工作想要有序进行，就要关注到供应链上各个企业的相关需求和利益，需要各个企业配合。存货管理对于企业生产经营活动的各个方面都有重要影响，而对于供应链的整体规划也影响着整个企业的竞争力和整体战略，因而对于存货管理的研究其实就是要学会选择适合本企业的存货管理模式以更有效地开展存货管理工作，积极为企业健康发展创造环境。

思考题：

1. 美的集团的存货有哪些？

2. 简述美的集团 VMI 模式的优势。

3. 存货管理是我国大多数企业面临的共同性难题，借鉴美的集团的成功经验，你能否设计出一套行之有效的存货管理模式？

参考文献：

［1］左溪.企业存货管理存在的问题及改进建议［J］.中国乡镇企业会计，2022（2）.

［2］崔杰.零售企业存货管理模式的研究［J］.经济管理，2017（1）.

［3］吴少欢.江沙纸箱包装公司存货管理问题研究［D］.石河子：石河子大学，2021.

第二章

利润表报表项目核算

案例一 碧桂园提前采用新收入准则究竟有何好处?

摘要: 截至 2017 年,我国企业均以财政部 2006 年发布的《企业会计准则第 14 号——收入》和《企业会计准则第 15 号——建造合同》(后文以 CAS14〔2006〕替代)为依据来对收入进行确认和计量,但是随着经济业务的日益复杂,CAS14〔2006〕渐渐不再适用。因此 2017 年 7 月财政部对 CAS14〔2006〕进行了修订,发布了《企业会计准则第 14 号——收入》(财会〔2017〕22 号)(简称 CAS14〔2017〕)。CAS14〔2017〕与《国际财务报告准则第 15 号——客户合同收入》保持趋同。修订后准则对捆绑销售商品和服务的企业或者涉及大型项目的企业(例如电信通信、软件、工程、建造和房地产行业)而言,发现其收入确认时点将发生变化。本文以碧桂园公司提前运用 CAS14〔2017〕为案例,分析新旧准则之间的不同,并以香港市场和内地市场的反应来介绍提前采用 CAS14〔2017〕所产生的轰动效应。

关键词: 企业会计准则第 14 号 收入确认 房地产企业

一、引言

2017 年 9 月 11 日,香港联合交易所出现一场不小的风波。股民们时刻紧盯着香港联合交易所公布的公告,生怕错过了什么。贴吧中也迎来了一场激烈的争吵,一名资深的股民说:"碧桂园公司这手操作真是精妙呀,这个新政策竟然让它的业绩又上了一个台阶,利润一下增长了 30 多个亿,收入更是增加了 100 多亿元,看来我持有的股票这是要涨了呀!"这时贴吧中又新起了一道声音:

"我看未必,这突然的增长不是碧桂园本身实力变强了,只是政策调整带来的暂时变化,未来如何还真不好说。"这两个观点都各自有着不少的支持者,他们在贴吧里吵成一团,不管结论怎样,碧桂园公司的这一做法还是让其在房产行业中一战成名了。

二、碧桂园基本情况

(一)发展历程

碧桂园控股有限公司是我国著名的新兴城镇化住宅开发商之一,其成立于1992年,注册地在广东顺德。碧桂园的主要业务范围包括建筑安装、物业、酒店管理和开发等,但其主要业务还是房地产开发。碧桂园于2007年4月在香港上市,正式迈入上市公司的行列。自上市以来碧桂园也不再满足于国内市场,转而进军国际市场,主要面向马来西亚、印尼、澳大利亚等国家和地区。在上市以后的短短10年间,碧桂园不断拓展自身的业务以增强实力,于2017年首次成为世界五百强企业之一。随后碧桂园不断壮大,于2018年将其物业管理业务也完成了拆分上市。

(二)经营特点

碧桂园公司不同于其他房产开发企业,碧桂园公司对于所涉房产开发项目所有环节均亲力亲为,从买地到开发建造,这一系列流程都由企业参与控制。这就使得碧桂园公司能够时刻掌握房产开发的进度,能够更高效地管理所开发的项目,并且能够大大缓解在房产开发所涉及的各环节中交接沟通不畅通的问题,但是,这一经营模式也存在一定的弊端。首先,全过程的亲力亲为必定会投入大量的人力、物力和财力,自有资金并不能完全支撑这种经营模式,必定要负债经营,这样就必定会拉高企业的资产负债率;其次,虽然这种经营模式使得企业能够对开发全过程进行实时监控,但项目开发过程中所有的风险也必定由企业自己来承担,无论项目开发的哪一环节出了问题,碧桂园公司都要自己买单,承担所有损失。

(三)经营及财务概况

从碧桂园公司的经营板块来看,其实施多元化发展的路线,主要业务涉及五大板块:房地产开发、建筑安装、物业投资、物业管理和酒店经营。碧桂园自身开发的房产项目配套有底商和物业服务,酒店经营又可以提供独立于房地产开发的酒店产品，碧桂园的这五大业务互相关联，使得碧桂园能够满足多样化的市场需求，也正是因为多元发展使得碧桂园能够迅速在竞争激烈的市场上站稳脚跟，并进一步向国际市场迈进。

从碧桂园的土地储量来看，截至 2018 年碧桂园已取得开发权的可使用土地的建筑面积约有 24064 万平方米，其中约有 26% 的开发项目已完成预售，另外还有 53% 的土地已经在开发过程中，如此庞大的土地储备量为碧桂园持续经营奠定了坚实的基础。

从合同销售的角度来看，碧桂园的经营业绩非常可观。通过碧桂园 2018 年的财务报表可以发现仅 2018 年当年就实现了 5000 多亿元的合同销售额，销售建筑面积也达到了 5000 多万平方米。通过对比可以发现，碧桂园 2015—2018 年期间销量大幅上升，仅合同销售额年均增幅就高达 60%。通过对合同销售的进一步分析可以看到，碧桂园的业务范围所涉及的地域不局限于广东省以及一些二、三线城市，开始逐渐向全国范围扩散，做到了遍地开花。

三、碧桂园收入来源及处理模式

（一）碧桂园的业务收入来源

碧桂园公司的主要业务收入来源有五大板块，各项业务收入详见表 2-1，其中，提供收入最多的业务当属碧桂园的王牌业务"房地产开发"，对企业营业收入的贡献高达 90% 以上。碧桂园从 2017 年开始就提前采用了 CAS14〔2017〕对收入进行确认，五大业务中受影响最大的当属房地产开发项目，所以通过表 2-1 可以发现，碧桂园从 2017 年开始通过房产开发所获得的收入有较大幅度的上涨，这仅是因为采用了不同的收入准则而使收入确认时间点发生变化导致的，并不存在其他需要说明的情况。

表 2-1　2014—2018 年碧桂园五项主要收入　　　　单位：亿元

项目	2014	2015	2016	2017	2018
房地产开发	818.98	1,094.60	1,481.80	2,201.57	3,694.05
建筑安装	4.68	746	1,143	2,305	5,2.65
物业投资	0.87	0.92	0.97	1.08	
物业管理	9.64	14.69	19.59	26.56	44.09
酒店经营	11.32	14.55	17.08	16.74	

续表

项目	2014	2015	2016	2017	2018
收入总额	845.49	1132.23	1530.87	2269.00	3790.79

数据来源：碧桂园财务报表

（二）收入处理模式

2017 年碧桂园公司首次跻身世界五百强企业之列，以此吸引了大量的股民，但是，碧桂园公司的闻名并不仅是因为这一事件，使碧桂园一战成名的是其在 2017 年提前宣布采用 CAS14〔2017〕对其收入进行确认。这可不是一个小动作，当时大部分企业还是采用 CAS14〔2006〕来处理收入。碧桂园公司在 2017 年 9 月披露了中期财务报告，附注解释：本次财务报告采用了 CAS14〔2017〕来处理收入，并根据履约进度来确认需要结转的收入以及成本。碧桂园公司采用 CAS14〔2017〕处理收入流程见图 2-1。

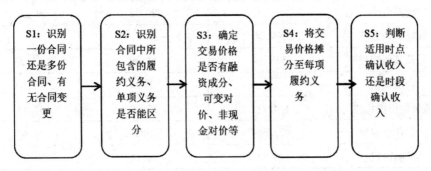

图 2-1　碧桂园收入确认五步骤

四、碧桂园提前采用新会计准则的影响

碧桂园提前采用 CAS14〔2017〕来处理收入之所以引起公众的侧目，因为这不仅是一个简单的会计政策变更，根据碧桂园 2017 年的中期报告数据可以发现由于采用 CAS14〔2017〕，使得碧桂园 2017 年的留存收益凭空增加了 31.52 亿元，并且碧桂园因为留存收益的大幅增长，提议发放更多的中期股息，正是由于这一大动作，才使得碧桂园在 2017 年一战成名。碧桂园在其中期报告中对此次提前采用 CAS14〔2017〕的原因做出了说明："由于新的会计准则可以为报表使用者评估未来现金流量的时点和不确定性提供更加可靠与相关的信息，因此本企业决定提前采用新收入准则对收入进行处理。"

CAS14〔2006〕和 CAS14〔2017〕的最大不同是 CAS14〔2017〕与《国际财务报告准则第 15 号——客户合同收入》保持统一标准。新准则与旧准则之间最大的差异是新准则不再以劳务和商品作为收入确认的界限，转为以合同为标准，以控制权转移替代风险报酬转移作为收入确认时点的判断标准。

采用 CAS14〔2017〕对收入进行处理必将对企业的当期业绩和财务状况产生一定影响，现将碧桂园 2017 年采用 CAS14〔2017〕前后所表现的财务业绩和财务状况如表 2-2、表 2-3 所示。

表 2-2　综合财务状况表　　　　　　　　　单位：亿元

项目	不考虑提早采纳 CAS14〔2017〕的结果	考虑提早采纳 CAS14〔2017〕的结果	报告结果
在建物业	3710.94	−147.87	3563.07
贸易及其他应收款	1941.80	−46.42	1895.68
合同资产		99.32	99.32
预收客户账款	2909.30	−2909.30	—
贸易及其他应付款	2335.44	11.79	2347.23
合同负债		2700.43	2700.43
递延所得税负债	104.21	32.90	137.11
留存收益	425.38	59.06	484.44
非控制性权益	148.86	10.16	159.02

数据来源：碧桂园财务报表

表 2-3　综合全面收益表　　　　　　　　　单位：亿元

项目	不考虑提早采纳 CAS14〔2017〕的结果	考虑提早采纳 CAS14〔2017〕的结果	报告结果
收入	629.88	1,497.50	777.38
销售成本	−510.15	−46.42	−606.41
营销及市场推广成本	−31.20	99.32	33.37

数据来源：碧桂园财务报表

（一）新收入准则对资产负债表的影响

采用 CAS14〔2017〕会导致资产负债表的报表项目发生变化，在原来的基础上，增加"合同资产"和"合同负债"两个项目。用合同资产报表项目来反映企业已经履行完成合同所规定义务，但还未向客户收取合同约定的款项，不再单纯地用应收账款来反映该项资产；同时用合同负债报表项目来反映已经向顾客预先收取了款项，但还未执行合同所约定的义务的这笔款项，区别于CAS14〔2006〕所使用的预收账款报表项目。

在采用了CAS14〔2017〕来确认收入以后，碧桂园公司将向顾客实际收取的款项与根据新收入准则确认的收入进行对比，如果实际收取的款项大于企业所确认的收入，即实际收取的款项更多，这时碧桂园就将盈余部分列示为合同负债项目；同样，如果实际收取的款项小于企业所确认的收入，即根据判断确认的收入更多，则将未收取的部分列示为合同资产项目。需要强调的是虽然报表项目增加了两个项目，但是实际上碧桂园的业务范围并没有发生变化，仅仅是调整了记录方法。CAS14〔2017〕对资产负债表的影响不仅是增加了两个报表项目，对一些原有的报表项目的列示金额也产生了一定的影响，具体对比情况详见表2-4。

表 2-4　对资产负债表的影响　　　　　　　　　　单位：亿元

项目	不考虑 CAS14〔2017〕影响	考虑 CAS14〔2017〕影响	报告金额
在建物业	4, 875.00	−277.37	4, 597.62
贸易及其他应收款	2, 820.19	−61.06	2, 759.14
对合营企业和联营公司的投资	305.82	0.38	309.30
贸易及其他应付款	3, 244.64	64.19	3, 308.83
递延所得税负债	109.23	55.24	164.48
留存收益	53, 8.56	94.11	632.67
非控制性权益	207.80	21.61	229.41

数据来源：碧桂园财务报表

（二）新收入准则对利润表的影响

CAS14〔2006〕与CAS14〔2017〕在收入确认方面最显著的差异就是收入确认的标准和时点发生了变化：CAS14〔2006〕以商品全部风险和报酬都转移给顾客的时点来确认收入，在2017年碧桂园采用了CAS14〔2017〕，收入确认的标准和时点发生了显著的变化，以控制权的转移来作为判断是否能够确认收入的标准，并将收入区分为某一时点确认和在某一时段确认。因此 CAS14〔2017〕会对利润表产生不小的影响。根据表 2-5 数据可以看到，碧桂园集团 2017 年房地产开发收入总额为 2201.57 亿元，其中在一段时间内确认的房地产开发收入为 608.07 亿元，占比为 27.62%；在某一时点确认的收入为 1593.5 亿元，占比为 72.38%。除房地产开发业务外，建筑、物业投资、物业管理、酒店经营业务均有在一段时间内确认的收入。由此可见，碧桂园提前采用 CAS14〔2017〕对其收入确认的主要影响就是会使其部分业务收入在一段时间内确认，相比于之前的均在时点确认收入的方法，CAS14〔2017〕会使碧桂园收入有提前确认的趋势。

表 2-5　2017 年碧桂园各项业务收入确认情况　　　　单位：亿元

项目	房地产开发	建筑安装	物业管理	酒店经营	合计
与客户之前的合同产生的收入	2,201.57	220.89	31.22	1,814,135	2,471.83
在某一时点确认	1,593.50	–	–	–	1,593.50
在一段时间确认	608.07	220.89	31.22	18.14	878.32

数据来源：碧桂园财务报表

五、一场争论

根据碧桂园 2017 年披露的财务报告来看，企业的经营成果有大幅度的提升，终于可以提前确认收入了，但是事实是否都像碧桂园财务报告所表现出来的这样呢？CAS14〔2017〕真的是房地产企业的福音吗？为何碧桂园会提前采用新收入准则呢？这一系列问题在碧桂园提前采用新收入准则后一直盘旋在公众的心里。有不少人认为新收入准则并未有实质性的内容，仅仅是让企业报表变得更好看了，实际上对企业状况并未产生影响。碧桂园这么操作以后，香港和内地市场究竟有怎样的反响呢？

（一）香港市场反响

碧桂园在香港的主板市场上市，碧桂园提前采用 CAS14〔2017〕这一消息一经公布便引起了香港会计界的高度关注。最大的争议便是对碧桂园采用了

"在一段时间内确认收入"的方法，因为碧桂园的这一做法使得碧桂园2017年的收入大幅增加。过于惊人的增长速度，使得碧桂园的做法在香港也备受争议，甚至有部分人认为CAS14〔2017〕并不适合香港市场。

（二）内地房地产市场反响

内地的房地产与香港房地产运营的模式并没有太大的区别，主要的区别在于香港房产销售所收取的定金比例低于内地房产销售所收取的定金比例，内地房产公司在销售房屋时会收取较高的预收款，因此，内地市场主要争议点在于"预收款以及陆续回款能否涵盖履约进度"，市场对碧桂园的做法也褒贬不一。

通过前文的介绍可以将争议点进行总结，碧桂园在采用了CAS14〔2017〕，即"在一段时间内确认收入"的方法，那么如何判断是属于"一段时间内的履约义务"呢？这需要满足三个条件，一是客户能够对合同商品取得控制权；二是企业在履约过程中所生产的产品除了满足顾客所需，并不能用作其他用途，并且企业有权对履约至今已完成的履约部分收取款项；三是企业在履约过程中消耗了自身的经济利益。

碧桂园公司认为自身的房产收入正是满足了上述三个条件，所以企业判定房产收入可以采用"在一段时间内确认收入"。虽然从理论上来看并不存在问题，但是实务界还是各执一词。一部分学者持有支持的观点，认为将商品房进行预售时就已经确定了房号，企业就具有向顾客收取款项的权利，并且企业也不能将这一房号的房子转而销售给其他人，具有不可替代用途，所以碧桂园的做法并不存在违规的情况，但同时还有一部分学者持有不同的观点，虽然房号被锁定，且不能够转而销售给其他人，具有不可替代用途，但是未必能够满足"有权就累计至今已完成的履约部分收取款项"这一条件，除非期房销售收到全款或者期房的付款进度与房屋建造进度匹配，且已收到的款项不可返还。

因此，企业在判断收入是否能够采用"在一段时间内确认收入"的方法，还要根据具体的合同条款进行判断，仅仅是符合准则条款是不足以做出最终判断的。新收入准则是一把"双刃剑"，当然有一部分企业采用新的收入准则达到了提前确认收入的目的，但是也有一些企业可能根据合同的条款导致企业某些收入只能延迟确认。

六、尾声

虽然贴吧里的争吵还在持续，但是也不妨碍碧桂园公司按时披露财务报告。

碧桂园用自身的实践经验向市场放出了信号：采用新准则必将会产生诸多的争议，也必将对企业自身以及审计人员的职业素养提出更高的挑战。一个理论上科学、可行的准则，在实务执行时是否能够达到预想的目标，这都是未可知的，只能让时间来进行检验，那么新收入准则对于捆绑销售商品和服务的企业或者涉及大型项目的企业而言究竟是利好还是无关痛痒就在实践中进行检验吧。

资料来源：

1. 专家解读：新收入准则下房企销售收入确认会提前吗？［EB/OL］．雪球网，2018-04-06.

2. 会计准则（14）——新收入准则概述［EB/OL］．雪球网，2021-01-29.

思考题：

1. 碧桂园提前采用新收入准则对企业业绩有何影响？

2. 新收入准则收入确认的关键要义是什么？对碧桂园来说采用 CAS14〔2006〕号准则与 CAS14〔2017〕号准则对收入确认的不同之处体现在哪里？

3. 简述采用新收入准则对房地产企业带来的影响。

参考文献：

［1］杨丹．新收入准则对房地产企业的影响［D］．北京：北京交通大学，2019.

［2］朱运敏．新收入准则的应用研究——基于房地产开发企业［J］．财经界，2020（22）．

案例二　红星美凯龙 "轻资产，重运营" 战略转型

摘要： 本案例以红星美凯龙为研究对象，通过对其运营模式展开研究，分析了红星美凯龙在营销模式和发展探索方面所取得的成绩。红星美凯龙在家居行业中一直处于领先地位，在发展过程中一直保持着其竞争优势，成为国内家

居连锁卖场的龙头企业，红星美凯龙集团既有与连锁酒店类似的连锁品牌、委托管理的家居卖场，也有与万达、万科相同的商业地产自建商场模式，在执行"轻资产"战略上有着得天独厚的优势。红星美凯龙应结合自身发展的状况，适时做出战略调整，使企业价值最大化。本案例对红星美凯龙实施的两种战略模式进行了对比，探索出在当前的经济环境中红星美凯龙采用轻资产战略更加适合企业发展。

关键词：家居行业 商业模式 战略选择

一、引言

红星美凯龙作为国内家居连锁卖场的龙头企业，在 2021 年度实现了净利润同比上年增长 84% 的满意成果。这个数据与红星美凯龙"轻资产、重运营、降杠杆"战略调整相呼应，证明了此战略的关键作用。与此同时，5 月份，证监会批准了红星美凯龙非公开发行 37 亿元的股票申请且公司第三期员工持股计划也提上日程。

二、案例背景

很难想象现在名满全国的红星美凯龙最初只是一个小小的家具作坊，一年最多只能打造 7 套家具，这种情形一直持续到 1986 年，此后小作坊开始扩大生产规模，生产量比过去足足扩大 25 倍，一年可以打造 175 套家具，家具制造水平也在上升。直至 1996 年，创始人车建新开始转变经营思路，不再仅仅满足于单纯的家具制造，将注意力从制造工厂转向商场。车建新创造了"市场化经营，商场化管理"的经营思路。红星美凯龙紧跟时代潮流，不仅涉足家具行业和家居装饰行业，也开始涉足房地产、电子科技、物流等众多行业。因为企业审时度势，不断调整战略方向，因此长久以来企业一直处于行业先锋的地位。2015 年 6 月 26 日，红星美凯龙家具集团股份有限公司成功上市。截至 2015 年年末，红星美凯龙已经覆盖了全国 129 个大中小城市，商场数量达到 181 家。红星美凯龙的商场经营管理水平也在持续提升中，公司在提升商场管理水平的同时也在积极发展扩展性业务，另外，其采用星云信息系统等技术手段探索商业化的广泛应用来推动业务飞速发展。

面对电商冲击和实体店的生存日益艰辛的市场行情，红星美凯龙持续推进多元化战略，不断拓展业务布局。2018年公司引入腾讯进行互联网导流，2019年5月，公司与阿里巴巴签署战略合作协议，进一步推动新零售转型，同时公司内部投资IMP全球家居智慧营销平台进行内部导流，使互联网在商场内部形成闭环，由家居平台商转型综合服务商。红星美凯龙主要通过经营和管理自营商场和委管商场，为商户、消费者和合作方提供全面服务。

三、红星美凯龙"轻资产、重运营"转型前

如表2-6所示，在2014年商业模式转型之前，红星美凯龙定增过程中，其计划筹集的37亿资金里，可以看到用在轻资产项目中的3D设计云平台、央视直播、数字化转型等占所募集资金不到25%，然而用在家居商场建造方面的资金即"重资产"高达17.2亿元，占所募集资金的46.5%。另外的11.1亿元被集团用来偿还有息负债。偿还有息负债的金额占所募集资金的1/3。因此从所募集资金的使用分配上看，红星美凯龙集团仍然关注重资产经营模式。

表2-6　项目资金分配表

项目名称	项目投资资金（亿元）	拟使用募集资金（亿元）
天猫家装同城项目	8.91	2.20
3D设计云平台项目	6.23	3.00
新一代家装平台建设项目	6.29	3.50
家居商场建设项目	24.64	17.21
偿还公司有息负债	11.70	11.10
合计	5.77	37.01

数据来源：公司公告整理所得

"重资产"的投资风险极大，负债较多，资产的健康程度堪忧，一直居高不下的负债率是红星美凯龙集团的主要问题。红星美凯龙集团2012年、2013年及2014年12月31日、2015年3月31日及2015年4月30日，其流动负债净额或营运资金负值分别约为10.99亿元、43.29亿元、52.95亿元、64.1亿元及64.33亿元；2012年、2013年及2014年12月31日以及2015年3月31日，净资本负债比率分别为23.9%、29.7%、30.9%及36.7%；2012年、2013年及2014年12月31日以及2015年3月31日，资本负债比率分别为45.7%、

48.4%、48.0%及50.6%。较高的资产负债率很容易带来资金链断裂,打击投资者信心,同时也降低了集团盈利速度,拖慢发展步伐。

重资产模式的缺点还体现在其他方面。从选址到批地、建设直至形成市场领导力,这个周期少则三五年,多则十几年。而如今的红星美凯龙正处于快速发展阶段,很明显重资产模式收益慢,跟不上集团高速发展的步伐,因此,红星美凯龙集团发展模式遭遇瓶颈,重资产模式的种种不足已经制约了其发展。

四、红星美凯龙集团"轻资产"战略

(一)"自营+委管"双轮驱动

红星美凯龙的定位是借鉴欧美国家购物商场(Shopping Mall)的模式搭建一个商场平台,引入工厂、地区经销商来做现场直销,家具都是国内外一线产品,多以中档为主。红星美凯龙为入驻的品牌商提供统一的营销、统一的售后服务、统一培训等服务,并通过租金、管理费用、冠名费用来盈利。这种孵化器模式的成型,使得红星美凯龙与家居品牌商之间关系发生了变化,区别于供销关系的厂商合作形式。

在此基础上,红星美凯龙走上了多元化发展道路,基于企业产品已进入成熟期,市场已经基本饱和,要扩大市场,不仅要在原来产品、服务基础上加以优化,还要尝试新的经营领域,形成了红星美凯龙以轻资产为引领的三种主营业务齐头发展的商业模式。

红星美凯龙集团轻资产战略模式上主要体现在自营商场和委管双轮驱动。2013年集团拥有自营商场32家,2015年扩大到58家,截至2020年12月31日,则拥有92家自营商场,增幅为187.5%,同时通过战略合作经营11家家居商场。同期,红星美凯龙在2013年委管商场为99家,2015年为122家,增幅为23.2%。截至2020年12月31日,集团共经营273家委管商场。集团发展仍然侧重于一线城市及二线城市的核心地段。委管模式在核心业务中所占比重将会持续提升,迅速提升美凯龙的市场渗透能力,成为其拓展市场的强劲动力。这种混合扩张的盈利模式构筑了难以复制的行业壁垒,成为红星美凯龙最为突出的轻资产资源。

(二)"轻资产、重运营"转型原因

1. 行业竞争优势不再

2020年数据显示,红星美凯龙在家居行业中规模数量是其他排名第二至第

五名连锁家居零售商的总和，稳居第一的位置，其发展速度让其他同类企业望尘莫及，发展劲头足，竞争优势明显，但是随后，后来者居上，在短短两年之间，居然之家集团的门店数量以及经营规模超过红星美凯龙，且在北京、上海、广州、深圳、武汉、成都等一线城市，红星美凯龙商场的地位已经下降到第三的位置，发展势头下降。行业认为市场争夺愈加激烈，红星美凯龙的竞争优势不如过去。

红星美凯龙商场的经营能力和行业服务能力一直以来都非常强，行业门槛高，其他企业无法复制红星美凯龙的成功，甚至连电商等新兴行业的冲击都没有撼动红星美凯龙的地位，为何在短短两年间就被后来者赶上了呢？当然，造成红星美凯龙行业竞争优势不再的原因有很多，究其根本原因则是选择的商业模式导致红星美凯龙逐渐失去优势。居然之家集团在"开发商开发、居然之家租赁"的轻资产运营模式下迅猛扩张，而红星美凯龙依然在"商业地产、欧美连锁及 shopping mall 模式"发展。红星美凯龙偏重于重资产模式，曾经的重资产模式可以帮助集团获得规模优势且其抵御外部风险的能力也强，但是随着集团的发展，重资产模式的弊端也显现了出来，该模式降低了企业的成长速度，资金成本投入大但是回收极慢。同行业的竞争对手利用这段时间借助轻资产的运营模式快速追赶上来，且发展势头凶猛，威胁到红星美凯龙的优势地位。

2. 集团上市后投资拉力不足

在上市前期，红星美凯龙大举并购吉盛伟邦的失利、进军商业地产的风险日益加剧、资金紧张和负债率高的担忧，让红星美凯龙的上市前景蒙上了一层阴影。2014 年 7 月，证监会预披露 IPO，红星美凯龙拟在 A 股募集资金 44.5 亿元。然而 2015 年 3 月，红星美凯龙向证监会申请撤回 A 股上市申请，转投 H 股。首日挂牌，红星美凯龙以低于 13.28 港元/股的发行价开盘，开盘后曾一度出现跳水走势，跌至 11.72 港元。当日收盘股价 12.48 港元/股，跌幅 6.02%。由于资金紧张和负债率高是"重资产"的死穴，无法回避也必须妥善解决，这是上市的最关键点，更是上市后扩大企业规模、改变盈利模式的最大障碍和不确定因素。对企业来说这是个隐藏的地雷，不利于企业的进一步发展了，它已经成为管理者越来越不能忽视的问题。管理者在明确了"轻资产"战略的优势，并且分析了红星美凯龙集团发展面临的环境变化和问题阻力后，选择以"轻资产"战略为核心。

五、红星美凯龙集团"轻资产"战略转型

(一)红星美凯龙集团"轻资产"战略分析

红星美凯龙在行业中具有较高的影响力和优秀的管理团队,商业运营模式成熟,它依托现有的优势资源接受拥有商业地产项目的公司合作,或者主动与这样有商业地产项目的公司合作,向其提供高质量的管理团队,提供专业咨询项目或者向其输出品牌,收取委托管理费用的方式即委托管理商场模式。这种模式为红星美凯龙现阶段的轻资产模式。它是利用企业的无形资产,通过技术、设计、创意、品牌等优势,以智力资本和管理等核心竞争力赚取利润。红星美凯龙经过多年的经营,已经具备卓越的品牌管理能力,能够为拥有商业地产项目的公司带来回报,为合作伙伴创造价值。

(二)红星美凯龙集团"轻资产"战略模式下的优势

1. 委管商场带来的利润潜力大

委管商场投入少,10%的资金投入能为红星美凯龙带来总收入30%的利润,在资源有限的条件下,充分整合外部资源实现价值最大化。同时这种模式也满足合作方持续盈利的愿望,可谓一举两得。作为增长双引擎之一的"轻资产"更加具有推动力,让小投资可以更大程度上地持续获利。每年收取的巨额委管费能直接为企业带来3亿元的利润,且随着集团委管商场数量的增多,为企业带来的收益也将持续增大。

表2-7 红星美凯龙主营业务比率表

项目	2016年	2015年	2014年
与委托经营管理商场相关毛利率	66.45%	74.50%	76.57%
租赁及管理毛利率	77.15%	78.07%	75.42%
商品销售相关毛利率	35.32%	24.19%	39.00%
主营业务毛利率	72.22%	75.61%	75.32%

数据来源:新浪财经

如表2-7所示,从2014年公司战略转型开始近几年毛利率甚至高达70%,极大拓宽了公司的盈利空间。在红星美凯龙"shopping mall"平台构建下公司租赁及管理业务带来持久高额利润。在此后数年,红星美凯龙新开商场90%将主

要以委管为主,大幅减少自营,攫取了最大的利润空间。以 2019 年为例,实现毛利 107.34 亿元,相比 2018 年同期毛利 94.26 亿元,创造了 13.9% 的盈利增长点。

2. 行业中发展"轻资产"战略潜力最大

红星美凯龙集团在家居行业具备良好的口碑,招商运营能力强,内部亦有健全的机制保证委管商场平稳发展,凭借这些优势集团可加快委管商场的发展步伐。

六、结语

在家居流通领域红星美凯龙集团的智力资产更优质,品牌知名度、服务满意度、合作商户支持力度都与其行业龙头地位相符。红星美凯龙转向轻资产战略,通过大规模推动委管商场发展的速度,降低自营商场发展规模,轻资产是红星美凯龙快速渗透到各级城市的核心战略,也是推动红星美凯龙逐步实现"房东"到"管家"角色转变的重要环节。采用轻资产战略模式后红星美凯龙迅速占领了一级市场的核心位置!

资料来源:

红星美凯龙上瘾重资产,失控费用成难题 [EB/OL]. 新浪财经网,2020-11-10.

思考题:

1. 什么是轻资产模式?什么是重资产模式?

2. 轻资产模式和重资产模式的优缺点有哪些?

3. 红星美凯龙上瘾重资产,费用失控具体表现在哪方面?

参考文献:

[1] 杨海峰. 红星美凯龙集团"轻资产"战略转型研究 [D]. 西安:西安建筑科技大学,2017.

[2] 商迎秋. 企业战略管理理论演变与战略风险思想探究 [J]. 技术经济与管理研究,2011 (3).

案例三 医改背景下北大医药盈利能力研究

摘要： 生物制药产业是我国重点培育和发展的产业之一。任何企业，盈利能力都是其前进、发展与生存的基础，也是其竞争力强弱的首要标志。通常来说，分析企业的盈利能力是否具有优势，当前的盈利水平是否有利于公司向前发展，并且准确评价企业的盈利能力，无论是对于债权人、投资人还是上市公司的经营管理者都是十分必要的。

我国从 2017 年开始实行新医改，以加快推进基本医疗保障制度建设，取消了药品加成，推进五项重点改革。从长远来看，新医改政策对制药企业的影响是把"双刃剑"。若改革成功将对整个制药行业产生深远影响，也有大批制药企业无法在改革的浪潮中生存，无情地被市场淘汰。基于这种背景，本案例以北大医药有限公司为研究对象，研究北大医药有限公司的盈利能力及影响因素。

关键词： 医改 盈利能力 财务分析

一、引言

随着全球经济一体化的逐渐加强，无论是发达国家还是发展中国家都面临着巨大的竞争。当前医药制药企业是国家重点发展的新兴战略企业，呈现出欣欣向荣的美好前景。我国经济在不断向前发展，国内居民生活水平也在提高，健康意识增强，因此对医疗需求也不断加大。而北大医药有限公司作为我国制药企业的翘楚，自其医改实施以来，药品降价的趋势非常明显，盈利能力存在下降风险。这无疑使该公司的发展面临着很大的挑战。

二、北大医药股份有限责任公司简介

北大医药股份有限责任公司创建于 1941 年，该公司拥有超过 50 年的医药制造历史。发展至今，北大医药已经成长为我国医药重点骨干行业。北大药业一方面积极推进绿色医药制造，另一方面深入国际国内交流与合作，增强与原研商合作，积极打造中国明星医药企业。它的科研实力雄厚，专业技术人员所占比重非常高，有超过 175 名以上的研发人员，发明的专利超过 50 余种，现有

的研发项目超过40项，其生物医药研发水平和产品工艺技术水平在全国领先。北大医药企业目前已成为中国医药制造行业的领头羊，在中国制药行业具备重要地位和影响力。

三、医改对医药行业的整体影响

（一）医改对制药行业的整体影响

"医改"对我国制药行业的整体影响分为正面影响和负面影响两方面。其中正面影响分为以下几点：第一，医改促进了医疗资源合理分配。第二，医改过程中，政府加大资金投入，促进医药市场做强做大。第三，有效解决老百姓"看病难，看病贵"的难题。第四，减少药品中间流通环节，加速市场优胜劣汰。

负面影响主要是这些年国内和国际环境都不乐观，主要表现在：国际市场疲软，汇率又变化颇大，导致药品出口的状况十分差，竞争力削弱；国内市场应"十二五"医改规划的要求，加大了污染治理，使得国内制作药剂的原材料价格上涨。另外，药品招标机制使得药品价格持续走低，医疗机构的费用增长幅度受到限制，传统医药制造业利润率严重下滑，特别是原料药行业受到的打击更大。总体来说，医改对我国制药行业的正面影响大于其产生的负面影响。

（二）医疗改革对北大医药的影响

在价格竞争激烈、产能过剩、成本加大这种大环境下，北大医药企业面临着严峻的生存压力，北大医药企业主营业务收入、利润总额增速相比较以前放缓。在2014年，北大医药股份有限公司在医药行业主营业务收入中仅仅排名第188名，净利润为负值。2015年，中国经济平稳运行，经济发展速度放缓，整体走向风险集中释放期。此外，北大医药企业受到药监政策的影响，面临新一轮的变革和考验，各种因素的影响使北大医药企业受到了巨大的冲击。

与此同时，医改对北大医药股份有限公司也产生了积极影响。一方面，国家将生物制药行业列为重点培养的新兴产业，无论是在政策上还是资金上，政府都不遗余力地支持。另一方面，制药企业自身的盈利能力和水平也决定了企业未来的发展。北大医药企业长期以来生产规模较大，拥有雄厚的实力，面对这场改革，寻找了多个并购机会，发展自己的优势产品，市场表现良好。北大医药也探求高效协同的医药产业链，采取诸多有利于企业发展的方案，经过几年的摸索，北大医药企业在这场洪波中站稳了脚跟，其竞争优势越来越明显。

四、北大医药 2016—2018 年盈利能力

"分级医疗、医疗资源下沉"等政策使得现有药品销售终端格局受到沉重的打击，这些政策使得全国大部分制药企业的境况更加糟糕。因此北大医药的盈利能力有所下降。表2-8是北大医药利润表数据，医改对北大医药的利润水平影响可从中窥见一二。从表2-8中可以看出来，北大医药近几年的营业收入和营业利润呈下降趋势，而期间费用却在逐年上涨。

表 2-8　北大医药 2016—2018 年利润表数据　　　　单位：亿元

项目	2016 年	2017 年	2018 年
一、营业收入	2, 316, 469.27	2, 265, 817.54	2, 010, 726.35
二、营业成本	1, 898, 363.66	1, 839, 566.79	1, 760, 204.49
税金附加	3, 990.05	7, 725.07	10, 436.30
销售费用	119, 892.79	138, 087.80	154, 968.74
管理费用	169, 863.88	196, 246.68	280, 607.52
财务费用	28, 510.21	87, 823.33	72, 100.26
减值损失	9, 098.65	31, 712.53	3, 204.26
加：公允价值变动损益	408.53	336.83	−745.36
投资收益	1, 458.20	2, 519.24	226, 856.14
三、营业利润	88, 616.75	−32, 488.60	−44, 684.43
加：营外收入	9, 592.93	11, 475.54	85, 326.16
减：营外支出	587.23	317.74	6, 822.84
四、利润总额	97, 622.45	−21, 330.80	33, 818.89
减：所得税费用	22, 704.15	16, 632.79	22, 095.81
五、净利润	74, 918.30	−37, 963.58	11, 723.08

数据来源：北大医药财务报表整理所得

（一）获利能力指标

1. 营业利润率

从 2016 年到 2017 年，北大医药有限公司的营业利润率由 3.23% 变为 −1.68%，从 2017 年至 2018 年该公司的营业利润率从 −1.68% 变为 −0.58%。营

业利润率的持续走低是由于费用的增长,且公司 2017 年和 2018 年其营业净利率、营业毛利率以及营业利润率均呈下降趋势,说明北大医药的获利能力在走下坡路,发展前景不太乐观。

2. 营业毛利率

从表 2-9 中可以看出该企业营业毛利率从 2016 年的 18.05% 上涨到 2017 年的 18.81%。在新医改背景下,北大医药并未坐以待毙而是积极寻求产业结构升级,营业毛利率的提升得益于产品结构升级,使得销售额大大提高,提升了企业的获利能力。另外,北大医药产品的定价较为灵活,在国内同行业中占据了有利位置。

表 2-9　北大医药 2016—2018 年获利能力指标

财务指标	2016 年	2017 年	2018 年
营业净利率	3.23%	-1.68%	0.58%
营业毛利率	18.05%	18.81%	12.46%
营业利润率	3.83%	-1.43%	-2.22%

数据来源:北大医药财务报表整理所得

在 2017 年度该企业的营业毛利有所下降,体现在营业毛利率仅为 12.46%,而 2016 年度为 18.81%,与 2016 年度相比 2018 年的营业毛利率下降了。这与北大医药企业在医改政策下医药行业整体面对严峻的生存压力密切相关。这一年里中国经济环境发生变化,市场整体疲软,且受新"医改"政策对制药企业产生的副作用,如价格竞争激烈、产能过剩、成本加大,北大医药的处境如履薄冰。

3. 营业净利率

北大医药企业的营业净利率在 2016 年为 3.23%,但在 2017 年度却下降到 -1.68%,同比上年下降了 4.91%。2017 年国内经济整体放缓,受药品招标机制的影响,药品价格持续走低,竞争加剧,导致北大医药营业净利率下滑。在 2018 年,这种情况有所好转。北大医药的营业净利率上涨到 0.58%,相比上年,该公司扭亏为盈。此阶段,制剂营销网络基本在全国实现了 100% 覆盖,与此同时形成在研产品梯队,成为公司发展的助推剂。综上所述,北大医药股份有限公司 2018 年在新政策新形势下生产经营水平有所提升。

（二）资产的盈利能力指标

1. 资产报酬率

2016 年北大医药的资产报酬率为 2.48%，说明企业产出水平较高，企业的资产运营有效。而在 2017 年，这一指标下降到-0.48%。说明企业在增收节支和节约资金使用方面没有取得成效。同时这也与全球经济总体发展速度缓慢，在发达国家经济萎靡不振、货币大幅减值而发展中国家增速下滑，国际市场对药品的需求严重不足有关。这种情况会直接导致我国原料药出口萎缩，因为出口也是影响企业盈利水平的重要原因，所以受国际市场需求不足的影响，北大医药 2017 年盈利水平下降。

2. 固定资产收益率

2016 年北大医药的固定资产收益率为 1.90%，在 2017 年该项指标降为-0.48%。同比上年下降 2.39%。固定资产收益率受多重因素影响，比如生产量、销售量、销售成本、销售价格等。2017 年北大医药的利润总额为负数，这一年里该企业处于亏损状态。受医改新政策的影响，使得北医药企业药品销售价格过低、销售成本、管理成本过高。固定资产的管理效果不好，导致 2017 年企业固定资产收益率过低，而在 2018 年，这一情况得到扭转，2018 年度该项指标为 0.30%，同比上年增长了 0.79%。说明该企业在这一年里增加了产量，提高了产品的质量并且降低了成本。

3. 总资产利润率

总资产利润率是企业利用资金进行盈利活动的基本能力。2016 年北大医药该项指标为 2.48%，2017 年该项指标降为-0.48%，说明北大医药企业经营不善，费用过高或者是资产配置不合理，导致该企业利用全部资产获取利润的能力在下降；2018 年这一指标上升到 0.87%，说明该企业在这一年里积极推进了产品工艺供应链等方面的合作，增强了公司产品的市场竞争力，推动了公司在逆境中发展。

4. 流动资产利润率

从表 2-10 中可以看到，北大医药的流动资产利润率在 2017 年度最低，仅为-1.78%，2018 年为 0.46%。说明北大医药流动资金利用的经济效果变好，单位定额流动资金实现的利润变多。

表 2-10 北大医药 2016—2018 年资产的盈利能力指标

指标	2016 年	2017 年	2018 年
资产报酬率	2.48%	-0.48%	0.87%
固定资产收益率	1.90%	-0.86%	0.30%
总资产利润率	2.48%	-0.48%	0.87%
流动资产利润率	3.96%	-1.78%	0.46%

数据来源：北大医药公司财务报表整理所得

综合上述指标得出结论，北大医药股份有限公司资产的盈利能力 2016 年最好，盈利能力最强；2017 度最弱，而在 2018 年盈利能力有所回升，得益于医疗改革，北大医药积极探索新的发展道路，借助肿瘤合资平台，打造肿瘤特色领域，选择了合适的公司发展战略。

五、结束语

北大医药企业在严酷的市场环境下，竞争优势并没有显现出来。2016—2018 年外延式增长较差，盈利能力在所在的制药行业也较差。在新一轮行业政策的指导下，北大医药要不断调整与思考，以保障公司实现可持续发展，争取在研发项目上取得突破性进展和成果，持续推进公司信息化系统建设，努力成为一家盈利能力显著且具有高知名度的企业，在这场"医改"变革中做大做强。

资料来源：

北大医药两大"利空"爆出——北大医药或将重大改变 [EB/OL] . 和迅网，2020-06-12.

思考题：

1. 若要分析北大医药的盈利能力可以分析哪些指标？

2. 北大医药在"医改"背景下它的盈利能力有哪些问题？

3. 针对北大医药盈利能力较弱的情形，有哪些好的建议？

4. 案例中提到的医疗改革的内容主要有哪些？

参考文献：

[1] 王素琴．基于华侨城公司的财务状况分析［J］．经济师，2013（9）．

[2] 土青莲．基于财务视角的金融机构盈利模式变化趋势研究［J］．财经界，2016（18）．

[3] 张玉伟．制药行业上市公司盈利能力分析——以千金药业为例［J］．中国市场，2016（24）．

案例四 徘徊在微盈利和亏损边缘的香梨股份

摘要：诞生于瓜果之乡的新疆香梨股份，在上市后的表现有些不尽人意。自2011年起香梨股份的净利润就开始跌宕起伏，总在亏盈边界徘徊，2014年净利润大幅下降，2017年和2018年微盈利，2019年亦是亏损，2020年上半年归属于上市公司股东的净利润扭亏为盈，盈利约1230万元。本案例通过介绍香梨股份的股权构成和业务构成，分别从亏损年度和盈利年度分析其2012—2019年的经营状况并分析亏损和盈利的原因，讨论拓展的新业务给香梨股份带来的影响，进一步分析水务公司持股香梨股份的背后原因，并讨论水务公司持股后给香梨股份带来的影响。本案例旨在使学生通过一系列的分析和讨论，了解香梨股份可能面临的风险，进而提出相应的防范措施。

关键词：净利润 亏损 盈利 风险

一、引言

每年的3—4月都是梨花盛放的季节，在库尔勒的道路上常常可以看见雪白的梨花，到了9—10月便是香梨成熟的时候，翠绿的表皮、多汁的果肉、香甜的味道都离不开这片特殊土地的孕育，同样以香梨为主要产品的香梨股份也逐渐崛起，但是农业受天气影响大，以香梨销售作为主要经营收入，基本上是"靠天吃饭"，于是香梨股份借助昌源水务上市，以此想提高盈利能力，但是能否奏效呢？香梨股份净利润又传达了怎样的信息？

二、香梨股份概况

(一) 香梨股份简介

1999 年,新疆库尔勒香梨股份有限公司成立,两年后香梨股份在上海证券交易所发行股票上市,总股本为 14770.69 万元,2011 年 9 月经国务院国资委批准,新疆昌源水务集团有限公司成为公司的实际控制人。

香梨股份主要以农林果种植和农副产品的加工和销售为主要业务,另外,涉及水果包装物的生产及销售,还有批发和零售预包装食品、散装食品、苗木、花卉、饲料等,并提供冷藏贮存服务,经营本企业自产产品及技术的出口业务,还涉及果酒的生产与销售等。

香梨股份以库尔勒香梨为主要产品销往国内外,在新疆这片土地上孕育出了皮薄肉厚、汁水充盈、甜美可口的果实,自然条件的优越性造就了香梨的品质,香梨股份则致力于发展香梨产业并拓展其余产业,但正是受自然因素影响较大,果品在种植过程中存在许多不确定因素,应对市场波动的风险就越大。

(二) 发展过程

2010 年 3 月 24 日,新疆融盛投资有限公司成为新疆巴音郭楞蒙古自治州沙依东园艺场和库尔勒市库尔楚园艺场的所有者,并于 2010 年 5 月 14 日完成股权过户,相关公告刊登于 2010 年 5 月 18 日上海证券报。2011 年 10 月 8 日,新疆昌源水务集团有限公司受让新疆维吾尔自治区新业国有资产经营有限责任公司持有的新疆融盛投资有限公司 100% 的股权,转让后新疆融盛投资有限公司依然持有 3725.58 万股股份,占新疆融盛投资有限公司总股本的 25.22%,2011 年 12 月中国水务投资有限公司成为香梨股份的实际控制人。

2011 年,中国水务持股昌源水务股权 51%,新疆新业将持有的融盛投资 100% 的股权转让给昌源水务,两年后中国水务又将新疆昌源水务注入上市公司,实现借壳上市。香梨股份本来的主营业务为农业、林业、果业产品加工和销售,但是受各种因素影响 2012 年亏损几百万,虽然 2011 年盈利,但是金额并不大,盈利能力较差,然而昌源水务资产优良,在 2011 年实现净利润 2.05 亿元,在 2012 年净利润达到 2.36 亿元,昌源水务的加入的确给香梨股份带来了转机,也开始拓展了其他业务。

香梨股份的发展经过了多次变革,董事会会议上也讨论了很多关于拓展其他业务和拓展更多市场的事项,2011 年起香梨股份就不仅仅在新疆经营,同年

7月董事会决议在广州出资设立销售平台公司，2012年3月30日，公司成立了广州库梨农产品贸易有限公司，注册资本100万元人民币，其中公司出资51万元，控股该子公司51%股权，直营业务是销售水果和蔬菜。2012年4月董事会再次决议同意在浙江设立销售控股子公司，注册资本金设定为人民币100万元，后又增资至300万元，2012年9月1日，经嘉兴市工商行政管理局分局批准，公司注册成立嘉兴盛香食品有限公司，注册资本300万元人民币，其中公司出资153万元人民币，控股该子公司51%股权，经营范围包括零售、预包装食品以及农副产品的收购和销售。

（三）拓展业务

2013年开展建材购销业务，这是完全不同于香梨股份原有的业务，当时还为此争论了许久，最后才做出了决定，而销售收入表明当时的决策是正确的，从中获利不少，公司向关联单位新疆金申管业有限公司销售镀铜钢丝、粘接树脂等一批建筑材料，其中钢材、建材业务作为新增业务也贡献了1730.75万元的销售收入，使得香梨股份的主营业务收入增加，在建材销售收入与果品销售收入增长的共同作用下，全年收入增幅达到98.11%。

三、经营情况

（一）亏损年度分析

2012年截至报告期末，实现归属于母公司所有者的净利润−561.46万元。公司资产总额33085.09万元，净资产28209.83万元。全年实现营业收6075.31万元，其中实现主营业务收入5477.29万元，实现其他业务收入598.03万元。

2012年香梨股份全年实现营业收入6075.31万元，其中，主营业务收入5477.29万元，较上一年度3418.96万元增加2058.33万元，增幅为60.20%，这主要是由于果品销售量增加所致。本报告期公司实现其他业务收入598.03万元，较上年度10416.37万元减少9818.34万元，减幅为94.26%，这主要是上期处置投资性房地产收入增加的结果。本报告期受销售数量增加的影响，使得公司果品销售收入较上年增加2058.33万元。

2014年归属于上市公司股东的净利润−1507.93万元，香梨股份的总资产期末余额为28778.85万元，归属上市公司股东的净资产27181.05万元。营业收入11180.97万元，其中包括10596.47万元的主营业务收入和584.51万元的其他业务收入。

2016 年报告期净利润为-484.9 万元，主营业务收入为 6032.53 万元，较上年同期 5178.69 万元增加 853.84 万元，增幅为 16.49%，主要原因是果品的销售量增加；主营业务成本 5736.62 万元，与上年同时期的 4660.29 万元相比增加了 1076.33 万元，增幅为 23.10%，也是销售的果品数量增加的缘故。

2019 年报告期内，营业利润为-931.75 万元，主营业务利润仅 61.92 万元；利润总额-936.37 万元，归属于上市公司股东的净利润为-772.44 万元。香梨股份 2019 年的营业收入 202.94 万元，较上年同期减少 48.23%，其中 1553.72 万元为主营业务收入，与上年同一时期相比减少了 56.92%，其他业务收入为 649.22 万元，与上年同期相比增加了 0.07%。

（二）盈利年度分析

1. 2013 年盈利水平分析

2013 年归属于上市公司股东的净利润为 479.16 万元。年末香梨股份的总资产为 30353.53 万元，归属上市公司股东的净资产为 28688.98 万元；营业收入 11510.79 万元，其中 10850.83 万元的主营业务收入较上一年度 5477.29 万元增加了 5373.54 万元，增幅为 98.11%，主要原因是果品的销售量增加，以实物销售的果品收入较上年同期增加 3642.80 万元，同时本年度拓展了钢材及建材业务使得收入增加，增加收入 1730.75 万元。其他业务收入由上年度的 598.03 万元增加至 659.96 万元，增幅为 10.36%，主要是因为本年度的承包费收入增加。香梨股份本年的营业收入与上年同期相比增长 89.47%，增加了 54354755.77 元，营业成本与上年同期相比增长 86.53%，增加了 47925497.06 元。

2. 2015 年盈利水平分析

2015 年报告期内，公司实现营业收入 5786.58 万元，较上年同期减少 48.25%，其中包括：主营业务收入为 5222.42 万元，较上年同期减少 50.71%；主营业务利润为 542.64 万元，营业利润-2012.78 万元，处置非流动资产利得 2748.51 万元，资产处置损失 81.62 万元；利润总额 654.11 万元，归属于上市公司股东的净利润为 622.57 万元。本报告期，公司实现营业收入 5786.58 万元，由于果园承包收入及果品销售量减少，营业收入较上年同期的 11180.97 万元减少了 48.25%，2015 年的营业收入为 5394.39 万元。同样受果品销售量减少影响，营业成本 5242.01 万元，对比上年同期 10486.35 万元减少了 5244.34 万元，减幅为 50.01%。2015 年香梨股份林果业（果品）的主营业务收入为 5178.69 万元，较上年同期 10508.48 万元减少 5329.79 万元，减幅为 50.72%，主要系果品销售量减少所致；主营业务成本 4660.29 万元，较上年同期 10079.55 万元减少 5419.26 万元，减幅为 53.76%，主要系果品销售量减少所致。果品深加工业（果酒）主营业务收入为 43.73 万元，较上年同期 1.95 万元增加 41.78 万元，增长 21.42 倍，主要系果酒销售量增加所致；主营业务成本 10.90 万元，从上年的 0.81 万元增加到本期的 10.09 万元，增长 12.41 倍，主要系果酒销售量增加所致。

3. 2017 年盈利水平分析

2017 年，公司实现营业收入 6531.85 万元，比上年同期的 68032 元减少 273.15 万元，下降 3.99%，主要是水果销售和果园承包收入减少所致；营业成本 6210.13 万元，上年同期为 6298.35 万元，比上年同期减少 8.82 万元，降幅为 1.40%，主要是水果销售减少所致。在水果的购销方面，香梨股份在保证不流失现有水果销售客户的前提下，采取"按订单订购"的模式，增加水果销售渠道。但是，由于水果销售市场竞争激烈，水果市场对水果的需求减少，导致目前水果产品公司的产量下降了 45.29%，销售量下降了 7.69%，与去年同期相比库存量下降 45.91%。新疆巴音郭楞蒙古自治州的水果保鲜能力超过 50 万吨，采摘后水果的保鲜率达到 90%，果品的保鲜期长达 10 个月。由于果品需要特殊的运输方式，促进了巴州包装业的快速发展，采用长途冷链运输，在此背景下库尔勒香梨已发展为产业化，形成了"种植—栽培—储藏加工—包装运输—市场销售"这一完整产业链。

近年来，水果销售市场竞争异常激烈，一方面是由于国内水果种植面积不断扩大，产量不断增加，导致水果质量下降，消费者对水果的有效需求低；另一方面，水果的可选择性增加，大量进口水果冲击我国国内的水果市场，水果供需矛盾日渐突出，销售市场竞争更加剧烈。报告期内，由于水果销售终端和成本的影响，库尔勒香梨的销售仍处于微利状态。

4. 2018 年盈利水平分析

2018 年香梨股份营业利润与上年同期相比下降 5.53%，为 472.11 万元，主营业务利润与上年同期相比下降 41.99%，为 159.16 万元，归属于上市公司股东的净利润为 452.78 万元，与上年同期相比下降 10.82%。公司实现了 4255.56 万元的营业收入，较上年同期减少 34.85%。其中包括 3606.78 万元的主营业务收入，与上年同期的 5797.31 万元相比减少 37.79%，减少 2190.53 万元；其他业务收入同比减少 11.68%，减幅 37.58%，其他业务收入总计 648.78 万元。由于自然灾害给香梨种植造成了不利影响，香梨的整体产量下降，采购单价上涨，水果销售市场竞争异常激烈。销量使得本期水果同比的产量下降 66.15%、销量下降 49%、库存量下降 80.47%。水果的毛利率在此期间下降了 0.32%，主要是由于此期间水果的购买成本与去年同期相比有所增加。另外，自 2018 年后香梨股份的主要销售业务集中在新疆、广东、上海、北京、福建和河北。

四、对年度报表的调整

2017 年 5 月公司收回新疆巴音郭楞蒙古自治州沙依东园艺场 2015 年度、2016 年度托管承包费 600 万元，作为重要的前期差错更正事项，采用追溯重述法对 2015 年度、2016 年度资产负债表年末数据及利润表中的财务数据进行追溯调整。对 2015 年度利润表追溯调整：调增营业收入 300 万元，调增资产减值损失 15 万元，调减所得税费用 3.75 万元，调增净利润 288.75 万元。对 2016 年度利润表追溯调整：调增营业收入 300 万元，调增资产减值损失 30 万元，调减所得税费用 7.50 万元，调增净利润 277.50 万元，调增年初未分配利润 288.75 万元。对 2016 年 12 月 31 日资产负债表追溯调整：调增其他应收款 600 万元，调增坏账准备 45 万元，调增递延所得税资产 11.25 万元，调增未分配利润 566.25 万元。

五、可能面临的风险

作为农业企业，香梨股份在净利润不稳定的情况下，面临的风险更多，这也是香梨股份内部面临的巨大难题。

（一）财务风险

财务风险主要是由于集中采购水果造成的集中支付风险。由于水果生长的季节特点和水果采摘集中的情况，公司需要同时向果农和各个水果生产单位支付货款，短期内资金需求很大。面临这样的财务风险，应当在水果采购旺季到来之前预先制定水果采购计划和资金使用计划，以解决集中支付的风险。

（二）灾害风险

虽然生产基地所属的地区具有地理优势，但由于水果、干果的质量和产量在很大程度上受气候因素的影响较大，尤其在库尔勒到了春天梨花盛开的季节同时也是风沙较多的时候，而且这几年新疆在冬季经常出现极端寒冷的天气，霜冻等恶劣天气也更加频繁。自然灾害和天气的异常都对水果的质量和产量有不利影响，也对生产经营产生了一些负面影响。针对这种风险，公司应当加强生产基地的防灾管理，提前确定水果的采购价格，降低自然灾害造成的水果质量和价格波动的风险。

（三）政策风险

果品在种植过程中用水价格和用电价格受国家政策影响，其中，水价政策的调整对于承包农户种植果品生产成本的影响很大，这严重影响了承包农民种植水果的积极性，从而导致公司的收入波动。所以应当注重生产基地的管理，一方面大力实行节水灌溉，宣传节约用水以降低生产成本；另一方面提高水果的质量和产量以提高公司水果竞争力，从而获得较稳定收入。

六、结束语

抓住新疆巴州是丝绸之路经济带核心区的优势和库尔勒香梨的美誉，香梨股份如何在竞争加剧的农产品企业中站稳脚跟，同时规避风险，成为优秀的新疆本土农产品企业，是香梨股份未来要面对的重要问题。

资料来源：

1. 香梨股份 2016 年年度报告（修订版）[EB/OL]. 新浪网，2018-05-10；

2. 新浪网—新浪财经. 香梨股份 2017 年年度报告（修订版）[EB/OL].新浪网，2018-04-11.

思考题：

1. 香梨股份自 2011 年起在微盈利和亏损边缘徘徊的根源是什么？

2. 结合本案例，摇身变为水务公司对香梨股份的净利润有什么影响？

3. 香梨股份面临一系列风险的原因是什么？

参考文献：

苏伊丽. 香梨股份公司财务风险预警分析 [J]. 现代企业，2020（5）.

第三章

特殊业务会计处理

案例一 美克家居连续多次股份回购究竟为何?

摘要: 美克国际家居用品股份有限公司,以下简称美克家居,是一家主要从事家具销售业务的公司,从 2016 年至今公司实施了多次股份回购,且回购金额越来越高,但股份回购在我国发展的时间较短,自 1992 年开始,直到 2015 年因 A 股市场低迷,回购才大规模被各上市公司实施,美克家居也不例外,2016年第一次回购金额为 1500 万元,2018 年第二次回购金额达到 1.38 亿元,2018年第三次回购金额高达 5.89 亿元。公司每次公告均显示回购的主要动因是股票价值不正常波动,但事实果真如此吗? 本案例旨在使学生了解回购的深层动因,以及作为普通的投资者,该如何辨别公司回购股份的真实动因。

关键词: 股份回购 回购动因 股权质押

一、引言

办公室里冯东明一大早就将张莉叫了过来,作为财务总监的张莉最清楚公司目前的状况,也许可以采用其他的方法来打破这种窘迫。多方考虑之后公司于 1 月 29 日发布了关于集中竞价交易方式回购股份的预案,这是第一次关于股份回购的公告,金额接近 1500 万元。张莉在公司会议上提出:"股份回购对我们来说只有好处,并且用自有资金回购还可以提高使用效率。"事实证明恰恰是这占公司总股本不到 0.2% 的回购数量所达到的效果比预想的还要好,回购使得公司价值提升,每股收益也有短暂的增长。管理层包括董事长冯东明都明白这种利好的现象或许是昙花一现,短期内提升公司价值是好的。"那回购的股份越多，带来的效应是不是越好。"考虑到各方面的因素后，公司于2018年2月8日再一次发布公告实施回购，金额也远远超出第一次，金额高达1.38亿元，相比第一次试水回购的增长率为800%，到2018年8月20日第三次回购如约而至，最终金额为5.89亿元。如此大费周章地进行股份回购，且在时间上几乎无缝衔接，其中的深层内因与公司对投资者做出的解释是否一致引发了公众更多的思考。

二、美克家居公司概况

美克家居的全称是美克国际家居用品股份有限公司，成立于1995年8月16日，前身为美克国际家居股份有限公司。2000年11月27日公司在上海证券交易所（以下简称：上交所）成功上市，股票简称美克股份，在2014年公司更名后股票简称更改为美克家居。公司注册资本为1770912736元，主要经营的业务有家具、装饰装潢材料、灯具及配套产品的开发、设计、生产和全国连锁销售，家具批发和饰物装饰设计服务等。创建初期公司主要面向国际市场，成为最早走出国门的中国品牌之一，现如今国内国际市场平分秋色，国内主营业务为家具的零售，占近几年营业收入的80%左右，国外主营家具批发业务，占营业收入的20%。2017年公司营业收入超40亿元，2018年达到52亿元，每年保持稳定的增长，2018年净利润首次突破4亿元，增长幅度达到22%。

三、美克家居连续性股份回购实施过程

（一）第一次股份回购

2016年1月29日美克家居发布公告称，公司将采用集中竞价交易方式回购股份，资金来源为自有资金，主要目的是为了树立公司的良好资本市场形象，同时增强投资者的信心，维护他们的利益。回购在2016年2月16日实施，并于2016年7月29日结束，其间回购数达到1262221股，占总股本数的0.2%，金额为14996832元，回购后这部分股份均已注销，减少注册资本。公告前20日公司股价一直在下降，下降幅度为28.50%，公告后20日股价波动幅度为上涨13.81%。

（二）第二次股份回购

美克家居第二次股份回购公告发布时间为2018年2月8日，回购方式和回

购资金来源均与第一次相同，回购的主要用途在公告中显示的还是增强投资者信心，维护投资者利益，树立公司良好的资本市场形象。回购实施时间是 2018 年 2 月 24 日至 2018 年 5 月 24 日，整整 3 个月的时间回购的股份数量为 2433 万股，占到总股本数的 1.35%，金额高达 1.38 亿元。公告前后 20 日股价波动幅度分别为-12.17%、4.87%。

（三）第三次股份回购

2018 年 8 月 4 日美克家居公布回购预案，就拟回购的规模、价格、期限等做出规定，拟回购金额为人民币 20000 万元至 50000 万元，回购价格不超过人民币 6 元/股，回购期限自股东大会审议通过回购股份方案之日起不超过 6 个月。实际回购期间即 2018 年 8 月 20 日至 2019 年 8 月 20 日，公司总计回购股份 1.32 亿股，占到总股本的 7.4%，金额达到 5.89 亿元。

事实上在回购实施期间，公司于 2019 年 2 月 2 日调整了一次回购议案，主要将回购的数量、用途、金额以及期限做出了变动。原回购用途为提升企业内在价值，回购后予以注销，调整后变为股权激励、可转换为股票的公司债券。回购股份的期限调整为自 2018 年第六次临时股东大会审议通过股份回购方案之日起不超过 12 个月，金额由 20000 万~70000 万元调整为 35000 万~70000 万元，拟用于公司发行的可转换为股票的公司债券的回购资金总额为人民币 31500 万元至 63000 万元。

四、美克家居股份回购动因

公司在发展过程中会遇到一系列的挑战和机遇，上市公司主要的财务信息也会公布在各大网站，一旦出现不利于公司的事件和消息，这将会对公司的经营状况产生很大的影响，并且在市场会迅速做出反应。股份回购是公司面临的挑战，公司做出的每项重大决策的动因都有迹可循。

（一）股价非理性下跌

从美克家居公布的回购目的可知，三次股份回购均是因为外部市场不振，受市场环境的影响公司股价出现波动，波动后的股价不能准确反映公司的内在价值，于是公司决定使用自有资金回购股票。回购行为向市场传递出公司的内在价值与市场价值有很大的差别、公司实际价值被低估、管理层对公司的前景很有信心等信息，以此来增强投资者信心，推进公司股价与内在价值相匹配。

根据三次回购预案公布的前一个交易日的静态市盈率作为对比标准，验证美克家居三次回购是否真如预案中所示存在价值被低估情况。具体的计算方式如下：静态市盈率为预案发布前一个交易日的收盘价与预案发布前一年的每股收益的比值。截至 2019 年在沪深两市共有 28 家家具制造业企业上市，剔除了在 2016 年以后上市的企业，最终统计了 10 家公司，分别计算三次回购预案公布前一个工作日的市盈率，并与行业均值进行比较。

表 3-1　美克家居同行业静态市盈率

项目	2016 年 1 月 27 日	2018 年 2 月 7 日	2018 年 8 月 3 日
美克家居	9.57%	20.96%	20.21%
行业平均值	28.33%	23.45%	18.99%

数据来源：根据同花顺网站股票信息计算整理得到

根据表 3-1 所示，第一次股份回购前行业静态市盈率为 28.33，美克家居为 9.57，行业均值高出美克家居静态市盈率的三倍，这说明第一次回购前确实存在公司价值被严重低估的事实，为了公司的发展前景进行股票回购是非常正确的决策。第二次回购前市盈率虽然小于行业均值，但是差距并不大，美克家居市盈率略小于行业均值，可以认为公司内在价值低于市场价值。直到第三次回购前美克家居的市盈率略高于行业均值，这种现象说明公司第三次回购原因可能并不像公司公告中宣称的公司实际价值与市场价值不匹配。

（二）优化资本结构

第一次回购前美克家居的资产负债率为 36.61%，比家用轻工行业均值低 8.4%，回购后的第一年年报显示，虽然 2016 年资产负债率仍低于行业均值，但差距缩小，况且在整个家居行业的资产负债率呈下降趋势的情况下美克家居资产负债率却在上升。

表 3-2　第一次回购前后资产负债率

项目	回购前	回购后
美克家居	36.61%	37.69%
行业均值	45.01%	41.73%

数据来源：美克家居公司年报

第二次和第三次回购发生在 2018—2019 年，从 2017 年第一季度到第四季度资产负债率出现了大幅度的下降，从 41.43% 降至 28.78%，但行业均值保持稳定，2018 年 2 月第二次回购发布预案，历时三个月，耗用资金 1.38 亿元，同年 8 月开始第三次股份回购，在 2019 年 8 月 20 日结束。如图 3-1 所示，自 2018 年第一季度回购开始后美克家居资产负债率呈现上升趋势并一直高于行业均值。

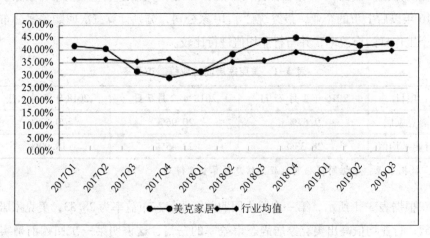

图 3-1　第二、三次回购前后资产负债率的变化情况

数据来源：美克家居公司年报

（三）替代股利红利分配

如表 3-3 所示，公司在近 4 年现金分红数额占归属于上市公司股东的净利润均超过 50%，2016 年经过第一次股份回购后分红数占净利润的比例比 2015 年下降了 8%，在公司无重大事件、经营稳定增长、盈利良好且股份保持不变的情况下，股利分配比例不升反降，说明股份回购有代替股利红利分配、减轻股东个人税负压力的意图。

表 3-3　美克家居公司 2015—2018 年分红转股情况

项目	每十股含派息数	每十股转增数	现金分红数额（亿元）	归属股东净利润（亿元）	占比
2015 年	3.10	0	2.00	3.00	66.67%
2016 年	3.00	13.00	1.93	3.30	58.48%
2017 年	1.10	0	1.95	3.65	53.42%
2018 年	2.00	0	3.36	4.51	74.50%

数据来源：美克家居公司年报

2017 年定向非公开增发股份 3.08 亿股，实际募集金额 15.66 亿元，并在 2017 年实施完毕 2016 年的利润分配方案，2016 年年末股本数 644960198 股，每 10 股转增 13 股，以资本公积转增资本 838448258 股，导致 2017 年股本同比增长 200% 达到 18 亿股，在 2018 年进行了两次回购，第二次回购数额 2433 万股，第三次回购横跨 2018—2019 年度，于 2018 年年末回购了 5550 万股，总计回购 7983 万股，金额 3.87 亿元，但 2018 年分红数和净利润的比例高达 74.42%，说明第二次回购和第三次回购并不是以替代股利红利的分配为目的。

（四）降低代理成本

第一次股份回购始于 2016 年第一季度，从表 3-4 可以看到 2015 年投资活动产生的现金流量净额开始急速负增长，投资收益为负且也在下降，说明公司对外投资收益不佳。但在 2015 年年末公司货币资金大幅度增加，所以于 2016 年年初进行回购，降低了代理成本。2016 年年末投资活动产生的现金流量净额曾断崖式下跌，货币资金余额也在上涨的趋势中突然开始下跌，说明在这一年公司的资金流并不充足，处于短缺的困境，于是公司在 2016 年增发股份，2017 年募集资金到账，同期货币资金增加 14.01 亿元。货币资金充足后在 2018 年公司实施扩张，营业收入的增长幅度为近几年之最。2018 年公司自由现金流充足，当企业有充足的现金流可供支配但无好的投资项目，导致企业内部还留存有大量的资金，在此情况下为了降低管理层可获得的高额代理收入，公司决定使用部分现金回购股份。

表 3-4　美克家居 2014—2018 年主要财务报表项目　　　单位：亿元

项目	2014 年	2015 年	2016 年	2017 年	2018 年
货币资金	1.97	4.51	3.93	17.94	20.58
投资收益	-0.0048	-0.0052	0.0166	0.1197	0.1860
营业收入	27.14	28.59	34.67	41.79	52.61
经营活动产生的现金流量净额	-0.37	2.77	5.88	6.85	-1.25
投资活动产生的现金流量净额	-2.11	-3.31	-5.67	-5.93	-6.35

数据来源：美克家居公司年报

（五）为大股东股权质押的标的物保值

美克投资集团作为美克家居的第一大股东，对公司有绝对的控制权。笔者通过美克家居发布的公告，整理了自公司第一次股份回购公告发布即 2016 年 1

月至第三次回购公告发布后 2018 年 8 月，关于控股股东美克集团股权质押的公告数据，如表 3-5 所示，美克集团在三次股份回购过程中所持股份占公司总股本的比例整体呈现下降的趋势，但是美克集团基本上将所持有股份的 80% 以上进行了质押，很多情况下质押达到了 95% 左右的比例。

表 3-5　大股东股权质押情况表

截止时间	持有股份（亿股）	已质押股份（亿股）	占持股比例	占总股本比例
2016/1/14	2.68	2.50	93.49%	38.73%
2016/3/30	2.68	2.66	99.32%	41.14%
2016/8/25	2.68	2.66	99.32%	41.23%
2016/12/23	2.68	2.66	99.32%	41.23%
2017/12/18	6.54	5.97	91.23%	33.05%
2018/8/23	6.54	5.81	88.88%	32.76%

数据来源：美克家居对外公告

通过公司发布的公告可知，美克家居主要和上海海通证券资产管理有限公司进行股权质押，且是分批次进行，每次进行股权质押的股票数占总股本的数额在 2% 左右，有时超过 5%。因为公司小额分批次进行股权质押，并且第二次和第三次股票回购的时间比较近，本案例选择了第一次股票回购前 2015 年 12 月 25 日和第二次股票回购前 2017 年 12 月 18 日美克家居和上海海通证券资产管理有限公司及兴业国际信托有限公司股份质押的交易，分别测算了股权质押的预警线和平仓线，如表 3-6 所示。

表 3-6　股份回购前股权质押情况

比例	质押开始日	质押解除日	质押日股价	预警线	平仓线
2.75%	2015/12/25	2016/12/23	15.44	12.35	10.81
2.12%	2017/12/18	2021/06/18	6.07	4.86	4.25

数据来源：美克家居对外公告数据和计算所得

第一次股份回购：美克家居在 2015 年 12 月 25 日进行股权质押交易，历时近一年，于 2016 年 12 月 23 日结束。本次质押共有 1780 万股，占总股本数额比例为 2.75%，但在进入 2016 年之后受市场波动的影响，公司股价持续下跌，截至 2016 年 1 月 27 日股价由 15.69 元跌至 11.44 元，这个价值甚至比本次质押估算的预警线低了 0.91 元，与平仓线非常接近。当公司的股票价值跌破双方约定的平仓线时，上海海通证券资产管理有限公司有权对这部分股票进行抛售来确保自己的利益，因此公司选择了通过股份回购来提振股票的价值，防止股权质押带来的风险。

第二次股份回购：2017 年 12 月 18 日公司通过股权质押融资，将 38461538 股质押给兴业国际信托有限公司，质押日公司股票的收盘价为 5.98 元，但在 2018 年 1 月，公司股价持续下跌从 6.05 元下降到 5.26 元，徘徊在预警线附近。为美克投资集团股权质押的标的物保值，选择回购股份来提振股价。

值得关注的是美克家居和各个机构的股权质押交易远不止这两次，美克集团将 80% 以上的股票进行了质押，如此高的比例带给大股东的质押风险会更大。因此可以看出，美克家居的股份回购交易行为有为大股东股权质押的标的物保值的明显意图。

五、结束语

公司会议室中，包括冯东明、张莉在内的高管都正襟危坐，但他们的脸上都露出了幸福的笑容，冯东明说："风险和收益往往是成正比的，高风险才会带来高收益，我们承担了高的财务风险，说明带给我们的收益也是巨大的。"正如财务总监张莉在第一次回购前所称："股份回购对我们公司来说只有好处。"如此大规模的股份回购也确实达到了张莉所预想到的一切，提升股价、提高资金的使用效率、优化资本结构等，但最迫切的动因想必张莉与冯东明早已沟通过，那就是降低大股东美克投资集团的股权质押风险，而这些深层原因往往是不被中小投资者所了解的，如何辨别最真实的动因才是广大中小投资者真正关心的问题。

资料来源：

美克家居 2019 年年度报告（修订版）[EB/OL]. 新浪网，2019-05-10.

思考题：

1. 美克家居在三次股份回购实施过程中有什么共同点？

2. 股份回购是一把"双刃剑",从案例描述的三次股份回购的动因中分析,回购可能带给企业哪些不利的影响?

3. 从三次股份回购的动因探析,股份回购的金额越高,回购后的效应越明显吗?

参考文献:

[1] 于雯慧. 梦网集团股票回购的动因及效应研究 [D]. 兰州:兰州大学,2019.

[2] 吴娓. 基于股份回购不同实施结果下的公司财务绩效差异研究 [J]. 会计师,2017,(17).

[3] 林淼磊. 我国上市公司股票回购短期市场效应影响因素研究 [D]. 杭州:浙江大学,2017.

案例二　未名医药债券发行相关会计处理

摘要:股票和债券都属于有价证券,是企业和机构募集资金的重要手段。上市公司为从资本市场募得公司发展所需资金,通常会发行股票和债券。债券回购交易兼具融资与融券的属性,对稳定和发展资本市场具有重要意义,但是由于我国资本市场发展起步较晚,与之相对应的债券回购市场的法律法规与会计处理尚不健全。2019 年 9 月,山东未名生物医药股份有限公司首开债券回购先河,其法律依据与会计处理问题引发了理论界和实务界的极大关注。本案例梳理了"未名医药"债券发行和债券回购的整个过程,由此对公司债券的法律适用性、会计处理的合理性进行探讨。

关键词:债券发行　债券回购　会计处理

一、引言

债券通常表现为公司或金融机构进行融资而发行的一种债权凭证,与债券发行相关的还有债券购回、债券回售与转售。与债券相对应的融资渠道是发行股份。债券回购的目的是短期融资,股份购回主要是上市公司为了实现回笼资金、股权激励等目的。因此，在上市公司中，回购股份的现象比较普遍，但是有这么一家上市公司，它购回的不是股份，而是债券。我国的债券购回交易始于20世纪末，但发展至今债券购回市场都没有相关的公司购回债券的规定，立法制度尚不健全，交易所债券购回规模较小。案例公司是如何发行债券的？为何进行债券购回？如何进行会计处理？

二、"未名医药"债券回购的背景

（一）公司简介

山东未名医药股份有限公司（简称：未名医药），成立于2009年，是未名集团控股的在深圳证券交易所上市的A股上市公司，证券简称未名医药。公司于2015年10月19日经重大资产重组"原淄博万昌科技股份有限公司"更名而成。公司拥有未名生物医药有限公司（厦门）、天津未名生物医药有限公司、北京科兴生物制品有限公司、山东未名天源生物科技有限公司、北京未名西大生物科技有限公司、合肥北大未名生物制药有限公司等下属企业或生产基地。

（二）公司业务概况

未名医药属于医药制造业，主要业务为医药制造及CDMO生物制药代研发、代生产服务。其中，医药产品主要分为两大类，一类是生物医药制品，一类是医药中间体、农药中间体。主要产品有注射用鼠神经生长因子（商品名：恩经复）、重组人干扰素α2b注射剂（商品名：安福隆），以及市场上唯一的重组人干扰素α2b喷雾剂（商品名：捷抚），这三款产品所产生的效益占公司总经营效益的99%。

三、未名医药债券回购的过程

（一）债券发行

1. "17未名债"简介

如表3-7所示，"17未名债"全称是"山东未名生物医药股份有限公司"，2017年面向合格投资者公开发行公司债券，2017年9月正式于深圳交易所上市发行，债券票面金额为100元，属于平价发行。本次债券发行规模为8亿元，期限为5年，票面利率为6.70%，属于无担保债券。

表 3-7 "17 未名债"简介

债券名称	山东未名生物医药股份有限公司 2017 年面向合格投资者公开发行公司债券
债券简称	17 未名债
债券面值	100 元
发行日	2017 年 09 月 25 日
到期日	2022 年 09 月 24 日
债券余额	80,000 万元
利率	6.70%
还本付息方式	本次债券采用单利按年计息,不计复利每年付息一次,到期一次还本,最后一期利息随本金的兑付一起支付
公司债券上市或转让的交易所	深圳交易所

资料来源:未名医药公告

2. 债券发行的结果

通过查阅公司年报可知,此次发行债券共募集资金 80000 万元,扣除发行费后剩余资金用于补充流动资金。

(二)债券回购

1. 回购方案

2019 年 8 月 28 日,未名医药发布《关于购买债券暨对外投资的公告》,宣布公司第四届董事会第四次会议通过购买债券的议案,同意使用不超过 1 亿元闲置自有资金进行债券投资。具体债券投资的主要内容如表 3-8 所示。

表 3-8 债券投资主要内容

投资标的	"17 未名债"债券
票面利率	6.70%
单份债券受让价格	不超过人民币 80 元(含)
购买份额	不超过 100 万张(含)
购买方式	深交所综合协议平台大宗交易

续表

投资标的	"17 未名债" 债券
投资额度	不超过 1 亿元
资金来源	闲置自有资金
申购期限	2020 年 3 月 12 日至 2020 年 3 月 18 日

资料来源：未名医药公告

2. 债券回购定价策略

"17 未名债" 发行时价格为 100 元，属于平价发行，而购回时的交易价格为 79.604 元，如此操作对于未名医药而言，究竟是赚了，还是亏了呢？

根据未名医药公告显示，此次债券回购面向 "17 未名债" 所有投资者，债券回购价格为每张 81.256 元（含息价）。公司采取的定价依据为董事会通过公司债券购回决议前 120 个交易日 "17 未名债" 交易均价 79.604 元和产生的利息 1.652 元之和，而在估值方面，上海清算交易所预估价值为 96.74 元。而 "17 未名债" 上市以来的收盘价格为：2019 年上半年，"17 未名债" 收盘价的算术平均值为 75.23 元。2019 年 8 月初，其收盘价平均值则为 80.67 元。2019 年 8 月 28 日发布购回债券的公告后，"17 未名债" 市价有所上涨，2019 年 8 月 30 日收报价格为 90 元，与 8 月初相比，收盘价格增长了 12.5%，可见该购回方案的发布引起了市场的关注。

3. 债券回购的结果

2020 年 4 月 1 日，未名医药发出公告，公布了此次债券购回的结果。此次债券购回方案发布后，在约定的时间内，"17 未名债" 债券购回数量为 795700 张，债券购回金额为 64655399.20 元，剩余债券数量为 7204300 张。2020 年 4 月 1 日，公司对有效申报购回的 "17 未名债" 持有人支付债券购回款项，并将购回的 "17 未名债" 按相关规定予以注销处理。

（三）债券回售

根据未名医药披露的《关于 "17 未名债" 转售实施结果的公告》，未名医药于 2020 年 11 月 3 日进行了债券回售，回售价格为人民币 100 元/张（不含利息），以 1 张（即面值人民币 100 元）为一个回售单位，回售金额必须是人民币 100 元的整数倍且不少于人民币 100 元。此次 "17 未名债" 回售数量为 6204300

张，回售金额为人民币 62043 万元，剩余未回售数量为 100 万张。根据我国证券市场交易规则，未名医药已将回售后的债券进行了注销处理，同时未回售的债券由公司持有，并且不再进行转售和兑付。2021 年 1 月 18 日，"17 未名债"已在深圳证券交易所摘牌。

四、未名医药债券发行带来的影响

（一）资产负债表

通过查阅未名医药发行债券前后财务状况，可以看出，此次债券发行给公司带来了正面影响。

表 3-9　未名医药 2016—2020 年资产负债表　　　单位：万元

项目	2020 年	2019 年	2018 年	2017 年	2016 年
货币资金	28415.11	112,098.03	154,577.58	181,636.19	76909.93
流动资产	76616.26	180,113.25	285,474.00	273,542.13	151489.2
非流动资产	167880.05	161,282.16	145,190.44	126,784.42	117265
总资产	244,496.31	341,395.41	430,664.45	401,036.07	268,754.2
流动负债	20,686.68	23,951.53	56,594.51	25,684.44	12,838.57
应付债券	0	69,534.79	79,296.67	79,136.41	0
非流动负债合计	4,746.1	78,562.63	90,779.79	82,201.42	3,177.44
总负债	25,432.79	102,514.16	147,374.30	107,885.86	16,016.01
实收资本	22,914.53	22,914.53	22,914.53	22,914.53	22,914.53
未分配利润	87,842.64	107,436.08	102,807.23	114,736.52	79,499.84
所有者权益	219,063.53	238,881.25	283,290.14	292,554.21	252,738.19

数据来源：未名医药公告

从表 3-9 中可以看出，2017 年公司发行债券后，货币资金达到 18 亿元，据悉，公司发行债券募集到的资金全部用于补充流动资金。2019 年，未名医药的货币资金超过 11 亿元，占总资产的比重约为 33%，公司的现金流是比较充足的。到了 2020 年，货币资金较上年末减少 74.65%，主要是由于兑付了公司债券。同时，公司在发行债券后，致使应付债券占非流动负债总额的比例较高。

2017年，应付债券占比达到96%，到了2019年，应付债券比例才有所下降，占非流动负债总额的88%。由此可见，此次债券购回在一定程度上降低了公司的负债率及财务费用。2020年，公司进行债券回售后，"17未名债"已全部回售并进行了注销，应付债券余额为0。

（二）利润表

表3-10　未名医药2016—2020年利润表　　　　单位：万元

	2020年	2019年	2018年	2017年	2016年
营业收入	27，683.04	56，763.72	66，459.38	116，241.66	126，487.94
营业成本	53，639	7，414.10	9，855.44	25，566.40	83，784.81
营业利润	−19，565.98	7，900.67	−8，761.60	46，516.91	44，917.95
利润总额	−20，176.38	7，676.81	−8，938.34	46，412.86	45，656.11
归属母公司净利润	−19，593.44	6，338.35	−10，375.25	38，774.57	41，769.51

数据来源：未名医药公告

从表3-10中可以看出，公司2016—2020年的业绩可谓"跌宕起伏"。其营业收入自2017年开始大幅度下降，与之而来的是营业利润跳水，直至负增长。2018年亏损额达到1亿，而到了2019年，公司净利润扭亏为盈，收获6338万元的净利润。2020年，上下游企业复工缓慢，各级医疗终端门诊量减少，处方药终端总体需求下降，同时受医药改革等宏观政策、经济下行等不利因素叠加[①]，主营业务收入较2019年有明显减少，净利润大幅度跳水。

五、未名医药债券回购的法律依据及会计处理

（一）债券购回的法律依据

针对未名医药债券购回是否合法合规一问，笔者认为，虽然目前我国法律体系中，并未制定公司债券购回的相关法律法规，但是《中华人民共和国公司法》（简称《公司法》）、《中华人民共和国证券法》（简称《证券法》）以及证监会发布的相关条例中明确规定了上市公司购回股份的细则，同时，中国人民银行针对银行间债券购回相关业务进行了详细的规定和说明。在法律滞后于

---

① 来自巨潮资讯网《山东未名生物医药股份有限公司2020年度业绩预告》（公告编号：2021-003）。

社会新事物发展的情况下，可以援引准确性规则相关规定进行解答。因此，上市公司可参照银行间债券购回业务暂行规定进行债券购回业务。

2009 年，上海证券交易所发布通知《关于调整公司债券发行、上市、交易有关事宜的通知》（上证债字〔2009〕187 号）对债券购回做出了相关规定，2017 年，中国人民银行同银保监会联合发布关于规范债券市场交易业务的通知，对公司债券的购回做出进一步规定，这两个文件奠定了我国公司债券购回的法律基础。这两份文件指出，公司债券进行质押式购回须由证券交易所集中竞价系统进行，对符合条件的公司可作为债券质押式购回。集中竞价交易是指在证券交易所内，按照公开竞价的方式进行交易；协议定向交易是指通过互相指定交易对手方，协商确定交易价格及数量的交易方式。

通过查阅未名医药的公告，其购回债券的方式是大宗市场协议定向交易进行的。显然，这与证券交易所和银保监会发布的公告通知所规定的方式相违背。

（二）债券发行及购回的会计处理

根据我国会计准则相关规定，债券购回后，企业对债券的处理方式可能有两种：一是购回后在满足条件的情况下直接注销，二是将购回后的债券作为投资进行处理，并持有至到期。相较于债券购回处理，股票购回是一种比较成熟的做法。股票购回的会计处理主要有两种方式：一是注销，二是用于出售。一般来说，股票购回通常会注销，会计处理方式比较简单，注销时直接冲减相关权益。而债券购回后有不同的处理方式，债券购回在处理过程中涉及利息的账务处理，相比股票购回来说账务处理相对复杂，债券购回影响的不是所有者权益，而是损益。

我国《企业会计准则第 22 号——金融工具的确认与计量》中对金融负债规定，如果金融负债的现时义务已经解除或部分解除，应当终止确认该金融负债。

基于此，笔者提出，未名医药购回本公司债券后，满足了金融负债现时义务解除的条件，应当进行注销处理。根据之前学习的知识现举例说明对债券购回的会计处理进行了梳理分析。

1. 发行债券时
借：银行存款
　　应付债券——利息调整（或贷方）
　　　贷：应付债券——面值

2. 计算每年应支付的利息时
借：财务费用

　　贷：应付利息

　　　　应付债券——利息调整（或借方）

3. 若将债券购回后进行注销时

借：应付债券——本金

　　应付债券——利息调整（或贷方）

　　投资收益（或贷方）

　　贷：银行存款

4. 若将债券购回作为投资处理时

借：应收利息

　　贷：投资收益

六、结束语

笔者认为未名医药债券回购还未告一段落。

资料来源：

未名医药债券回购开先河，须严守"三公"原则［EB/OL］. 红刊财经，
2019-09-08.

思考题：

1. 什么是债券回购？

2. 我国法律体系中，债券回购的依据是什么？

3. 上市公司在进行债券回购时应如何进行会计处理？

4. 未名医药在进行债券回购中应注意哪些问题？

参考文献：

［1］任碧云，许高庆. 我国银行间和交易所回购市场价格发现的实证分析
［J］. 统计与决策，2020，36（5）.

［2］王森，智慧，李倩婷. 货币政策工具对社会融资的动态影响研究［J］.
经济问题，2020（6）.

［3］黄辉，蒋成. 债券回购的法律依据与会计处理——基于首例债券回购
案例的思考［J］. 商业会计，2020（12）.

第四章

综合知识应用与分析

案例一 价值追踪下的瑞缘乳业成本管理之路

摘要： 随着经济的快速发展，我国居民收入不断提高，同时人们对于健康也越来越重视，城镇居民的消费和饮食习惯发生了改变，我国居民乳制品消费量在近些年也明显提高，对于一些人群来说乳制品消费已经变成了刚性需求。虽然市场需求不断扩大，但乳制品企业的数量在近 30 年中也不断增加，行业竞争不断加剧，乳制品企业所面临的挑战也随之而来。

本案例介绍了瑞缘乳业在经营发展历程中面临的成本管理困境，并以企业价值链为基础，梳理了企业在成本管理改革过程中的举措。通过本案例的学习，使学习者可以熟悉现代企业业财融合背景下，精细化成本管理如何配合公司管理方式的战略转变，以便更好地为公司管理层提供战略计划、控制和决策服务。

关键词： 成本控制 战略成本管理 价值链

一、引言

近期由于饲料价格上涨，导致奶牛养殖成本上升，许多散养奶户和小规模奶户难以维持经营，出现卖牛、杀牛、退出奶牛养殖业的情况。瑞缘乳业作为新疆巴州地区的本土乳制品企业，以鲜牛乳为主要原料进行乳制品的生产加工。虽然与其他地区的乳制品企业相比，瑞缘乳业能依托新疆地理优势，获取巴音布鲁克高山牧场纯净的奶源，作为原材料生产优质乳制品，但是面对行业的激烈竞争以及上游供应短缺的情况，瑞缘要想在市场中站稳脚跟，不断前行，还是需要在管理上更进一步，而瑞缘现在最急迫需要解决的就是企业成本的控制问题。

二、背景介绍

（一）新疆乳制品行业现状

新疆是世界公认的黄金奶源地，同时也是中国优质奶源产地之一，2017年全疆牛奶产值191.9万吨，占全国奶牛总产量的6.3%。新疆有乳制品加工企业40余家，日鲜乳处理能力6200吨，日平均加工量约1500吨。

从主要原材料鲜牛乳的供应角度看，新疆有优质的天然草场资源，为奶牛养殖业提供了良好的养殖基础，但由于新疆地域广阔，大部分奶源较为分散，同时考虑到鲜牛乳不易长时间存放，所以乳制品生产企业也面临着鲜牛乳难以收集和贮存的困境，总体来看产品的商品化率还处于比较低的水平。

从乳制品的中间生产加工环节来看，新疆乳制品加工企业数量众多，但是普遍规模较小，产品结构单一，企业的研发能力也较弱，与中国乳品行业的龙头企业之间还存在一定的差距。虽然近几年一些新疆乳制品生产企业在行业中脱颖而出，成为地区的龙头企业，但是新疆乳制品的龙头企业带动效果较差，没有形成良好的产业协同效应，这无疑制约着新疆乳制品加工业的发展。

从乳制品销售环节来看，新疆是多民族聚居地区，新疆的少数民族中，维吾尔族、哈萨克族、蒙古族、回族的饮食中，牛奶及其相关制品占据着主要的地位。新疆少数民族特有的饮食文化习惯推动着新疆乳制品消费者的增长。从新疆居民家庭平均每人全年购买乳制品的数量来看，超出全国居民家庭平均每人全年购买乳制品数量近一倍，由此可见，乳制品在新疆地区有良好的市场，但随着物流运输的发展，内地主要乳制品企业也纷纷打入新疆市场，给本地企业造成一定的威胁。由于新疆特殊的地理位置，对于液态奶、酸奶等乳制品来说，销往其他地区的运输成本较高，新疆乳制品企业参与国内市场竞争较少，市场拓展较难。2017年新疆乳制品加工企业疆外市场销量仅占总销量的15%，且只有少数几个品牌走出新疆市场，大部分新疆乳制品企业主要以点对点方式在部分城市销售，渠道覆盖面较窄。

（二）新疆瑞缘乳业有限公司基本情况概述

新疆瑞源乳业有限公司于2002年注册成立，是专业生产加工纯鲜奶、学生饮用奶、酸奶、奶疙瘩及其他乳制品的高新技术企业，企业严格按《ISO9001：2000质量管理体系文件》组织生产，并成功引进瑞典利乐超高温瞬时灭菌及灌装生产线，技术指标达到国内领先水平。

近年来通过不断的引进新技术、新设备和实施产学研联合开发，瑞源乳业开创了独有的绿色生态产业链的可持续发展模式，坚持带给消费者绿色健康的食品，引导消费者步入高品质的生活。

三、新疆乳业暗流涌动，瑞缘公司路在何方

（一）供应端成本压力大，增加瑞缘的材料成本

原奶是生产乳制品的主要材料，成本占乳制品成本的比例超过 50%，除此之外，乳制品成本还包含包装物成本、人工成本、折旧费、设备修理费等。对于乳制品同行业的各企业来说，所使用的包装都非常接近，并且在人工费用、能耗以及设备成本等方面也相差无几，所以，对乳制品企业成本影响最大的就是原奶成本，而原奶成本与奶牛养殖业的关系密切。从 2015 年开始，新疆全区奶业持续低迷，低产奶牛被淘汰出售或屠宰，奶牛规模化养殖水平低，养殖也难以摆脱简单粗放的生产经营模式。同时，苜蓿等高蛋白饲料缺乏、牧场养殖管理水平不高、品种改良不够等因素造成了原奶成本激增。面对持续亏损的情况，2015 年散户纷纷出售奶牛、杀牛卖肉转产退出奶牛养殖。这无疑增加了瑞缘原奶原料的成本，同时，现阶段分散粗放的养殖模式已不能适应也达不到现代化的瑞缘对奶源数量和质量的要求。

包装环节的成本费用也是瑞缘占比较大的一部分支出，瑞缘产品的包装分为塑料包装和纸质包装两种，其中，纸质包装的主要供应商是国际纸业和瑞典利乐公司，由于供应商数量少，因此在产品包装议价方面，包装供应商的议价能力较强，给瑞缘带来了一定的压力。

（二）企业内部成本控制意识不足，控制体系不完善

外部的压力虽大，但最让瑞缘头疼的事还在企业内部。在企业内部，由于员工学历水平偏低，大部分员工认为自己只需完成自己所在岗位应有的工作，并没有意识到自身的成本责任，导致在一些环节由于人员无成本控制意识而造成资源的浪费，这使得企业的成本费用居高不下。

瑞缘的愿景是打造中国特色乳品第一品牌，在实际的经营理念中，瑞缘也不断带领企业上下进行改革创新、研发新产品，但在成本核算方面，成本管理在财务部门被简单地理解为成本核算，且相关核算依然采用传统的核算方式进行。在瑞缘研发支出的核算直接以费用进行列支，不能准确地体现企业研发创新带来的收益，不利于激发全员创新的积极性。

　　同时，现阶段瑞缘的成本管理更加注重生产阶段的成本，现行的成本计算方法只计算直接成本，即只将直接人工、直接材料和制造费用计算在内，而把采购、销售、运输等环节的成本排除在外，这些费用成本核算中只是简单地计入管理费用和销售费用当中。在成本核算的过程中，还忽视了为了提高销量，在品牌效应、售后服务等诸多辅助活动上的投入，出现了产品成本信息失真的情况，虚增了企业利润。除此之外，瑞缘乳业的成本核算大部分都是在事后或事中进行，很少在管理决策制定阶段或是成本管理的事前进行把关预测。在某种程度上，这会对企业的经营管理产生一定影响。

四、集思广益降成本，人人有责共发展

　　采购部门经理从原料角度提出了自己的建议："奶源现在确实是我们企业成本控制的一个重要环节，我们企业追求产品品质，所以品质偏低的原奶我们就不会进行收购，而这样的选择在一定程度增加了我们原奶收购的成本，与其他乳业公司相比，从原材料采购成本的角度来说，我们的成本是比较高的，同时还长期面临原料不足的危机。但是大家都应该明白，瑞缘可以这么多年屹立于乳制品行业，也与我们追求品质紧密相关，所以我们断然不会因为降低成本选择收购质差价低的原奶，我觉得想从原材料角度降低成本就需要我们对于奶源进行更有效的把控，用自己的奶源生产自己的产品，进一步向前延伸我们的产业链，从而降低采购成本。"

　　生产部门经理从生产工艺与流程方面提出了自己的建议："大部分企业的奶制品生产工艺流程均相似，但先进的企业会更大程度利用机械化降低企业的人工成本，我们也可以朝着这个方向发展，在奶源稳定充足的前提下，机械化的生产可以进一步扩大我们的规模，降低生产成本。同时在生产过程中的副产品也有进一步的利用价值，我们可以继续发挥企业创新的经营理念，利用副产品做进一步的开发，减少浪费。"

　　销售部门经理说："目前我们企业的主要产品（例如酸奶、牛奶、奶疙瘩）销售情况良好，在当地有很好的品牌美誉度，但其他副产品的市场知晓度较差，在营销方面花费的成本也较多，如果可以提升其他产品的销路，同时降低销售成本，那么企业的成本也能得到一定程度的控制。"

　　财务部经理说："瑞缘乳业现阶段成本核算采用的是品种法，产品成本中除直接人工费用、直接材料费用外，其他费用都归入间接费用，然后采取单一的

分配标准进行分配。这种核算方式对于现代企业管理来说不够精细，不能准确地把握每个环节和每项业务的详细成本和直接收益，还不能在事前为经营管理决策提供依据，如果可以根据价值链对成本核算进行细化，我们就能找到成本控制的重点领域。"

五、成本改革见成效，精细管理创价值

在经过成本管控方案的多次论证后，瑞缘从企业战略发展布局出发，梳理了企业的业务流程，并在此基础上构建了以价值链为依托的成本控制改革方案。

对企业价值链进行成本分析时，瑞缘乳业首先找出了价值链上所有的业务活动，然后确定对企业具有战略意义的业务活动，并进行追踪，利用各业务活动的成本信息对价值链活动进行管理，如图 4-1 所示，使其比行业其他竞争者运行得更好。

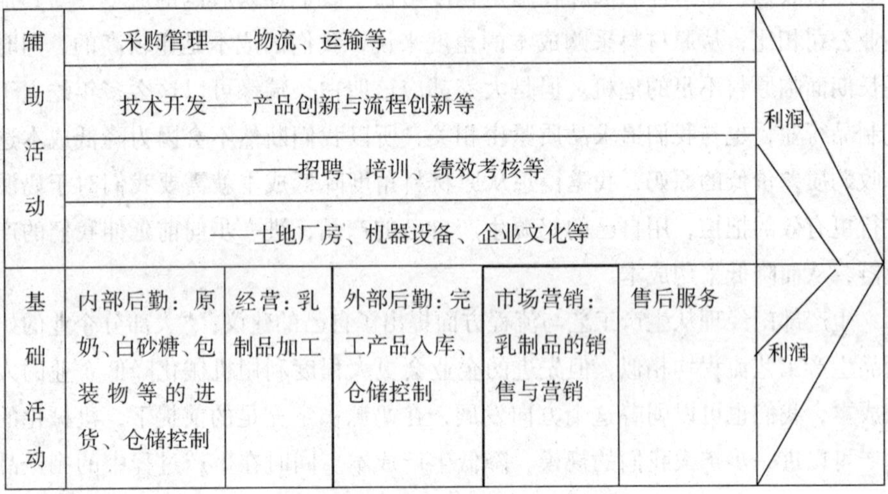

辅助活动	采购管理——物流、运输等				利润
	技术开发——产品创新与流程创新等				
	——招聘、培训、绩效考核等				
	——土地厂房、机器设备、企业文化等				
基础活动	内部后勤：原奶、白砂糖、包装物等的进货、仓储控制	经营：乳制品加工	外部后勤：完工产品入库、仓储控制	市场营销：乳制品的销售与营销	售后服务	利润

图 4-1 瑞缘乳业价值链图

数据来源：瑞缘乳业内部数据

（一）内部后勤成本降低——打通产业链，实现协同共赢

总体来看，瑞缘乳业公司从上游至下游利益结构松散，没有办法构成利益共同体，在供—产—销的每个环节，各企业和组织都更关注自我谋利，最终，整条乳品产业链的损失和风险多由瑞缘乳业公司来承担。从企业成本角度分析，既应该包括企业本身的生产过程，还应该考虑企业的上下游外部环境，从当前

的情况看，要想降低企业的成本，前者的下降空间十分有限，而通过供应商、经销商、消费者在价值链上降低成本，赢得低成本竞争优势的机会很大。

在供应链前端延伸方面，新疆瑞源乳业有限公司计划与新疆天苗农业有限公司合力打造占地面积 5800 亩的新疆万瑞和牧业有限公司生态有机体验观光牧场，该项目建设地在和静县古尔温苏门奶牛场。项目划分为奶牛养殖区、饲料种植区、水面游乐区、牧场风光展示区、有机采摘区、亲子活动区等 13 个区域，是集种植、养殖、工业和休闲旅游为一体的生态有机体验观光牧场，投资总额 3.6 亿元。

此项目充分利用养殖牧场的自然景观，形成"可览、可游、可养"的环境景观和集"自然—生产—休闲—教育"于一体的景观综合体，一方面可以满足市场发展的需求，提升产业带动力，振兴本地乳业，另一方面可解决本地奶牛饲养上下链条配套难等问题，延伸了本企业的产业链。这一项目的实施实现了新型标准化有机养殖牧场的建设，为瑞缘的原材料供应保证了品质，同时也进一步降低了原料价格。

（二）生产经营成本降低——打造智慧工厂，变废为宝创佳绩

对瑞缘乳业进行内部价值链分析，首先要分析产品生产的全部流程，这样才可以更清晰地了解各项活动中成本的流转动向，以灭菌纯牛奶为例，公司灭菌奶生产的基本流程见图 4-2。

在对整体流程进行梳理后，瑞缘乳业发现在生产灭菌乳的过程中，原奶验收、预杀菌、包装都是通过人工进行操作。而经过考察，结合前期设备自动化水平，瑞缘在主要产品各环节打造了"智慧工厂"，实现了生产环节全自动化，在此过程中节约了人力成本，也简化了核算过程。

在新疆瑞源乳业每一车奶都要进行四大项 48 类的检测，全部合格后才能进入生产车间。原料奶质量是生产合格产品的第一步，因此，瑞缘对原料奶的把关非常严格，原料检测也是"智慧工厂"建设的重要环节。检测合格的鲜奶经过智能化操作，就来到了"智慧工厂"的预处理区域，也是整个智能生产线的核心区，在这里每天只需要两个人，就可以实现 300 吨鲜奶的过滤、分离、杀菌等工序，每一步都对牛奶的品质起着至关重要的作用。"智慧工厂"让生产的每一个环节都减少了人力，生产效率实现了飞跃。在酸奶制品的生产线，核心区域发出进行配料的数控操作指令后，带有自己专属二维码的配料就会按照电脑的指示，按比例用料，减少了人工干预带来的误差，也保障了产品的质量不

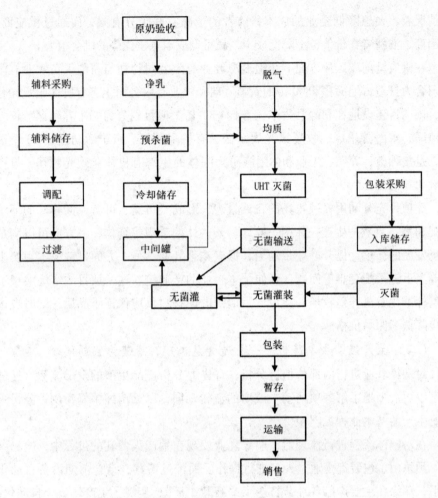

图4-2 灭菌奶生产的基本流程图

受影响。从抽样检测到装箱，新疆瑞源乳业的产品加工全过程都是在智能化生产的条件下进行的，投资三千两百万的瑞典进口生产设备，让企业的"智慧工厂"建设实现全覆盖。自动化程度高，也就意味着生产效率越高，对劳动力依赖减小，且食品安全程度也越高。

在乳制品的生产过程中，瑞缘也进一步积极开发各类附加创新产品。乳清酒、乳清醋是在奶疙瘩制作过程中，对副产品乳清进行再加工制成的产品，曾经的废料变成了全新的产品，牛奶的效益和价值大大提升，而奶制品销售量也好于过去。

（三）市场销售成本降低——人人都是销售员，绩效激励作用高

瑞缘乳业根据市场战略定位，进一步立足于本地市场细分，扩大新产品市场知名度，同时制定了"人人都是销售员"的营销策略，在"牛牛哥"的产品销售过程中，利用员工关系网，形成了员工到第一层亲戚朋友、第一层亲戚朋友再到二层亲戚朋友无限延伸的销售链，在本地市场形成了很好的销售网络，同时降低了销售成本，同时配合绩效激励制度，所有员工在销售过程中都可以获得相应的提成，加强了员工的积极性，在企业产品被社会认可后，也进一步增强了员工对企业的认同度。

（四）提供精细化核算——设定目标成本，精细成本核算

除了在价值链各环节采取的各项措施外，瑞缘也重新设定了成本管理模式。

在进行成本核算前，第一是确定企业的目标利润和某段时间内要达成的经济效益，使成本控制工作变得更有序；第二是把目标成本进行分解，最终由各责任中心负责；第三是确定成本动因，成本动因包括资源动因和作业动因，资源动因描述了间接资源的利用情况，是间接的资源成本分配到作业中心的标准，作业动因描述了最终产品对作业的利用情况，也是将作业中心的成本分配到最终产品的标准；第四是进行成本核算，当实际成本发生以后，把在该核算时间段内发生的所有资源支出按照实际产生作业的资源动因及其数量分配计入相应的成本，最后将计算出来的成本额与目标成本值进行比较，如核算成本小于目标成本，则表示拥有成本优势，如果核算成本大于目标成本，则需要降低成本，进行分析和改进，找出并替换低效率和不增值的作业，达成供应链成本最优控制。

通过相关目标设定与对比调整，瑞缘乳业灭菌奶成本得到了进一步的控制。

表 4-1　成本控制前后灭菌乳成本变化表

项目内容	实际成本（元）	目标成本（元）	改善成本额（元）
原料：			
原奶	16.40	16.00	0.40
包装材料	3.20	3.00	0.20
小计	19.60	19.00	0.60
加工过程：			
净化鲜乳	5.60	5.00	0.60

续表

项目内容	实际成本（元）	目标成本（元）	改善成本额（元）
标准化处理	4.40	4.00	0.40
配料调试	1.80	1.50	0.30
超高温灭菌	3.50	3.00	0.50
包装	1.60	1.50	0.10
小计	16.90	15.00	1.90
总计	36.50	34.00	2.50

数据来源：瑞缘乳业内部数据

六、尾声

瑞缘成本控制改革如火如荼，2020 年年终大会上，总经理在全厂员工面前表达了自己的感恩之心，感谢大家一年来在成本管控改革中做出的努力，同时鼓舞全体员工，在未来的进一步改革中继续发光发热，与企业共同进步。

（本案例由新疆科技学院财会系教师张雯琰撰写）

思考题：

1. 新疆瑞缘乳业经营管理面临哪些问题？改革前的成本核算模式是什么？

2. 新疆瑞缘乳业是如何通过价值链识别成本管理问题的？

3. 本案例中价值链成本管理方法是否适用于其他企业？应注意哪些问题？

参考文献：

[1] 刘晓芬，陈法杰. 新疆乳制品加工业发展现状及对策 [J]. 食品，2020（8）.

[2] 张杰. 中国乳制品企业战略成本驱动因素研究——以伊利实业股份有限公司为例 [D]. 呼和浩特：内蒙古大学，2014.

案例二 剖开公司"截面"，解读财务现状

摘要：企业的营运、盈利与发展一直都是利益相关者最关心的事情。在实

际工作中，无论是投资者还是管理者还是财务人员在面对错综复杂的财务报表时仍然会充满困惑：一是财务数据的真实性，二是财务数据背后的价值。簿记和报表编制属于会计的反映功能，财务报表分析集中在解释和评估功能上。财务报表分析目的在于判断企业的财务状况及管理状况。通过分析，判断企业财务状况是否良好，企业的经营管理是否正常，企业的经营前景是否光明。同时，通过分析可以发现企业经营管理的症结所在，并提出解决问题的对策，更好地帮助利益相关者打开企业的"横断面"，深入分析企业的财务状况。

关键词：财务报表分析　盈利能力　偿债能力　营运能力

一、引言

2020 年 1 月，洪通燃气准备在年内完成上市，会议室里各部门的负责人个个都绷着一根弦，会议还邀请了几位专家协同公司完成上市。这时洪通燃气的董事长刘洪兵正色道："今年是咱们冲击上市的关键时点，咱们大家为了公司能够顺利上市都已经付出了不少，没日没夜努力就是为了把公司送上上市的道路，咱们在这关键的时刻再顶住一口气，再加把劲儿。"刘董的一番话顿时激起了大家的斗志，这时刘董给财务总监朱疆燕布置了一项任务："小朱，你跟咱们几位专家对接一下，整理一下咱们近几年的财务数据形成分析报告。"财务总监朱疆燕接到这一任务立刻投入紧张的工作中，与几位专家成员一起回到办公室开始开展工作，对新疆洪通燃气股份有限公司 2017—2019 年度盈利能力状况、资产质量状况、债务风险状况、经营增长状况及其他情况进行评定。

二、洪通燃气基本情况

（一）公司概况

新疆洪通燃气股份有限公司（以下简称：公司）2000 年 1 月 13 日成立。注册地址为新疆巴州库尔勒市人民东路，主要经营 CNG、LNG 天然气批发，天然气零售，天然气管道输送（仅限城市门站以内），批发零售其他化工产品、其他机械设备及电子产品、五金交电、有色金属材料、其他日用品、炊事用具、其他农畜产品，天然气加气站项目的投资，电力生产、供应，电动汽车充电桩项目投资及服务，对天然气管网建设开发，天然气压缩站，天然气器具及配件销售，天然气器具维修，等等。

（二）股权结构

截至 2020 年 10 月 30 日，主要股东情况如下：刘洪兵持股数量 69090737，占比 43.18%；田辉持股数量 15923548，占比 9.95%；谭素清持股数量 15762639，占比 9.85%；霍尔果斯洪通股权投资管理合伙公司（有限合伙）持股数量 10868453，占比 6.79%；刘长江持股数量 3209263，占比 2.01%。具体如图 4-3 所示：

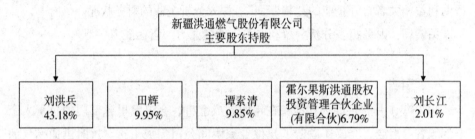

图 4-3 新疆洪通燃气股份有限公司主要股东持股图

数据来源：新疆洪通燃气股份有限公司对外公开披露数据

（三）公司组织管理状况

公司依照《公司法》设立股东会，股东会由全体股东组成，是公司的权力机构，决定公司的经营方针和投资计划等。股东会会议由股东按照出资比例行使表决权。涉及公司生产经营事项的决议审议，自然人股东应当提前和建发公司沟通。公司设立董事会，成员 9 人，董事会设董事长一人，董事 6 人，独立董事 3 人由股东选举产生。公司设总经理 1 人，副总经理 3 人，总工程师 1 人，董事会秘书 1 人，财务总监 1 人，由董事会聘任或者解聘，对董事会负责。公司设立监事会，设监事 3 人，其中监事会主席 1 名，监事会包括股东代表和适当比例的公司职工代表，其中职工代表的比例为三分之一。监事会中的职工代表由公司职工通过职工代表大会民主选举产生。具体如图 4-4 所示：

三、洪通燃气运营能力概况

（一）生产经营概况

2019 年营业收入 9232.22 万元，营业成本 4239.14 万元，营业利润 1011.04 万元，净利润 1000.82 万元；2018 年营业收入 10156.26 万元，营业成本 4463.62 万元，营业利润 1208.55 万元，净利润 1174.97 万元。

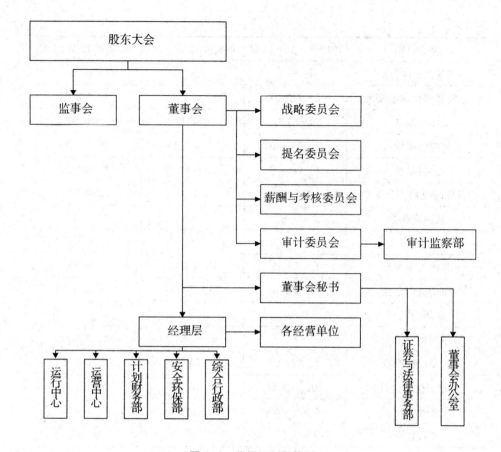

图 4-4　公司组织架构图

数据来源：新疆洪通燃气股份有限公司公司章程

（二）财务情况分析

财务总监根据《统计上大中小微型公司划分办法（2017）》及《公司绩效评价（2020）》规定，认定公司所处行业为燃气生产和供应业行业，规模为小型公司。财务总监收集 2017—2019 年财务报告结合所处行业标准进行分析。

1. 资产负债简要介绍及分析

表 4-2　资产负债表简表　　　　　　　　　　　　单位：万元

报表日期	2019 年 12 月 31 日	2018 年 12 月 31 日	2017 年 12 月 31 日
流动资产			
货币资金	22, 288.18	18, 059.90	8, 585.41

续表

报表日期	2019 年 12 月 31 日	2018 年 12 月 31 日	2017 年 12 月 31 日
交易性金融资产	–	–	–
应收票据及应收账款	2,972.14	3,453.87	3,093.65
应收票据	540.68	636.72	560.00
应收账款	2,431.46	2,817.15	2,533.65
预付款项	1,180.19	1,646.37	1,595.32
其他应收款（合计）	176.98	111.41	294.38
其他应收款	–	–	–
存货	2,025.24	1,754.40	2,405.53
其他流动资产	1,404.29	1,178.83	893.49
流动资产合计	30,047.01	26,204.79	16,867.76
非流动资产	–	–	–
可供出售金融资产		6,678.50	6,678.50
长期股权投资	1,570.67	1,239.49	1,174.02
在建工程（合计）	10,393.44	4,183.85	3,735.14
在建工程	–	–	–
工程物资	–	–	–
固定资产及清理（合计）	40,845.92	38,189.42	37,197.87
固定资产净额	–	–	–
无形资产	7,859.56	5,213.03	4,810.40
商誉	–	–	257.47
长期待摊费用	6.27	8.15	–
递延所得税资产	191.12	218.09	183.82
其他非流动资产	1,010.54	1,483.21	904.64
非流动资产合计	69,033.96	57,213.74	54,941.85
资产总计	99,080.98	83,418.52	71,809.62
流动负债	–	–	–
短期借款	6,200.00	5,000.00	5,000.00
应付账款	8,685.70	5,327.71	5,167.43

续表

报表日期	2019 年 12 月 31 日	2018 年 12 月 31 日	2017 年 12 月 31 日
预收款项	5,040.93	5,216.16	4,072.63
应付职工薪酬	1,160.68	1,408.14	897.28
应交税费	1,028.01	2,020.39	5,964.24
其他应付款（合计）	656.60	1,576.04	541.90
应付利息	13.50	–	–
其他应付款	643.09	–	–
其他流动负债	–	–	–
流动负债合计	22,771.92	20,548.44	21,643.47
非流动负债			
长期借款	6,242.62	–	–
递延所得税负债	94.89	29.23	33.93
长期递延收益	4,500.00		
其他非流动负债	542.97	–	–
非流动负债合计	11,380.49	29.23	33.93
负债合计	34,152.41	20,577.67	21,677.40
所有者权益	–	–	–
实收资本（或股本）	12,000.00	12,000.00	9,000.00
资本公积	13,710.02	13,817.90	16,817.90
其他综合收益	401.72	–	–
专项储备	2,456.62	2,367.03	2,399.54
盈余公积	2,963.67	2,208.10	–
未分配利润	28,395.85	28,179.04	17,662.07
归属于母公司股东权益合计	59,927.88	58,572.08	45,879.51
少数股东权益	5,000.69	4,268.78	4,252.70
所有者权益（或股东权益）合计	64,928.57	62,840.85	50,132.22

续表

报表日期	2019 年 12 月 31 日	2018 年 12 月 31 日	2017 年 12 月 31 日
负债和所有者权益（或股东权益）总计	99，080.98	83，418.52	71，809.62

数据来源：新疆洪通燃气股份有限公司 2017—2019 年财务报表

由上表可知 2017—2019 年，该公司货币资金呈上升趋势，反映出该公司现实支付能力和偿债能力稳步提升，也说明该公司资金循环控制实施效果良好；2019 年较 2018 年应收票据及应收账款呈下降趋势，说明该公司赊销管理良好，信用政策设定合理，公司应收票据及应收账款之和远远小于资产负债表中预收账款，则说明公司的产品市场是一个典型的卖方市场；2017—2019 年存货呈波动下降趋势，说明公司存货管理得当，变现能力持续增强；2017—2019 年预付账款呈波动上升趋势，反映出公司市场话语权高，销售能力强，可最大程度实现该项目变现，故认为该公司流动资产变现能力较强，资产质量较好。

2017—2019 年投资呈上升趋，说明公司出于战略性考虑，逐步控制下游公司，产业升级，形成公司优势，稳定经营收益；2017—2019 年在建工程、无形资产呈上升趋势，说明公司进一步扩大 CNG 母站、LNG、CNG 加气站、CNG 气瓶车、LNG 槽车及其挂车，丰富提供天然气生产、输配、经营服务方式，故认为该公司非流动资产质量较好。

2017—2019 年流动负债呈波动上升趋势，结合公司分析发现，随着流动负债的增加在一定程度上促进了公司收入和利润的增加，说明公司流动负债质量较好。

2017—2019 年非流动负债呈上升趋势，主要受长期借款和递延收益，结合公司流动负债及销售收入分析发现，公司生产经营资金有长期保证，能够抓住机遇，经营有方。

综上所述：洪通燃气公司的货币资金占比较高，并且在近两年内有上升的趋势，应收账款有相应的下降趋势；存货有所下降，说明供应链的管理有所增强，负债方面基本保持稳定。通过资产结构发现，非流动性资产占资产总额的比率较大，公司处于蓬勃发展阶段。故结合资产负债表认为，该公司维持中等水平的货币资金、存货资金和信用资金，从而使流动资产维持在某一个平均水平。这种资产结构，由于注意了风险和收益之间的平衡，是一种风险中性和收益中性的结构。

2. 利润表简要介绍及分析

表 4-3　利润表简表　　　　　　　　　　　　单位：万元

报表日期	2019 年 12 月 31 日	2018 年 12 月 31 日	2017 年 12 月 31 日
一、营业总收入	89,328.80	76,401.11	55,851.73
营业收入	89,328.80	76,401.11	55,851.73
二、营业总成本	69,546.67	55,755.45	46,724.57
营业成本	58,733.14	46,339.55	37,331.26
营业税金及附加	705.54	665.60	362.52
销售费用	5,738.12	5,098.56	4,628.14
管理费用	4,101.26	3,427.58	4,182.81
财务费用	268.61	224.16	219.84
投资收益	370.18	434.28	623.76
三、营业利润	20,076.41	20,532.98	9,855.17
加：营业外收入	51.64	51.85	26.97
减：营业外支出	261.74	542.67	507.96
四、利润总额	19,866.31	20,042.16	9,374.19
减：所得税费用	3,057.97	2,798.28	1,836.17
五、净利润	16,808.34	17,243.88	7,538.02

数据来源：新疆洪通燃气股份有限公司 2017-2019 年财务报表

通过洪通燃气的财务报表及相关资料可以看出：

（1）不考虑受外在因素影响，公司盈利水平不断上扬，且收入和支出同方向变动且两者增长幅度差异度较小，收支结构较为稳定；

（2）营业利润对利润总额影响最大，公司盈利稳定性较强；

（3）从长期来看，公司的经营区域主要在新疆地区且分布范围较为广泛，主要包括新疆巴州、哈密市、伊犁哈萨克自治州、昌吉回族自治州等地区。该企业是新疆较早利用 CNG 和 LNG 模式对长输管线不能到达的县城、乡镇、农牧团场供气的单位，长久性业务占公司利润主导地位，公司盈利水平持续下去的可能性呈上升趋势；

（4）营业收入逐年提升，费用也几乎是同比例上升，除规模采购以外，管理费用相对固定，说明公司管理良好。

综上所述，公司市场营销战略、发展战略和技术创新战略较为合理，盈利能力稳定。

3. 现金流量表简要介绍及分析

表4-4　现金流量表　　　　　　　　　　　　单位：万元

报表日期	2019年12月31日	2018年12月31日	2017年12月31日
一、经营活动产生的现金流量	0.00	0.00	0.00
销售商品、提供劳务收到的现金	96,643.44	84,925.00	64,108.20
收到的税费返还	0.00	0.00	0.00
收到的其他与经营活动有关的现金	5,027.94	401.47	2,641.74
经营活动现金流入小计	101,671.38	85,326.47	66,749.95
购买商品、接受劳务支付的现金	56,325.10	47,105.64	41,904.58
支付给职工以及为职工支付的现金	6,582.72	5,380.24	4,203.57
支付的各项税费	6,394.89	7,389.48	3,354.96
支付的其他与经营活动有关的现金	3,907.84	3,247.52	3,086.14
经营活动现金流出小计	73,210.55	63,122.89	52,549.25
经营活动产生的现金流量净额	28,460.83	22,203.58	14,200.70
二、投资活动产生的现金流量	0.00	0.00	0.00
收回投资所收到的现金	0.00	642.03	40.00
取得投资收益所收到的现金	39.00	356.78	392.41

续表

报表日期	2019 年 12 月 31 日	2018 年 12 月 31 日	2017 年 12 月 31 日
处置固定资产、无形资产和其他长期资产所收回的现金净额	351.02	35.80	62.29
投资活动现金流入小计	390.02	1,034.61	494.70
购建固定资产、无形资产和其他长期资产所支付的现金	14,418.01	6,447.94	5,418.36
投资所支付的现金	0.00	0.00	330.00
投资活动现金流出小计	14,418.01	6,447.94	5,748.36
投资活动产生的现金流量净额	-14,027.98	-5,413.34	-5,253.66
三、筹资活动产生的现金流量	0.00	0.00	0.00
吸收投资收到的现金	0.00	0.00	3,271.75
取得借款收到的现金	12,442.62	5,000.00	6,000.00
筹资活动现金流入小计	12,442.62	5,000.00	9,271.75
偿还债务支付的现金	5,000.00	5,000.00	4,299.50
分配股利、利润或偿付利息所支付的现金	16,506.00	7,315.76	16,904.39
支付其他与筹资活动有关的现金	1,141.20	0.00	200.08
筹资活动现金流出小计	22,647.20	12,315.76	21,403.97
筹资活动产生的现金流量净额	-10,204.57	-7,315.76	-12,132.22
四、汇率变动对现金及现金等价物的影响	0.00	0.00	0.00
五、现金及现金等价物净增加额	4,228.28	9,474.49	-3,185.19
加:期初现金及现金等价物余额	18,059.90	8,585.41	11,770.60

续表

报表日期	2019 年 12 月 31 日	2018 年 12 月 31 日	2017 年 12 月 31 日
六、期末现金及现金等价物余额	22, 288.18	18, 059.90	8, 585.41

数据来源：新疆洪通燃气股份有限公司 2017—2019 年财务报表

由现金流量流入结构可以看出，2017—2019 年经营活动现金流入呈上升趋势且占现金总流入的比重较大，反映出公司经营状况较好，收现能力强且坏账风险小，现金流入结构较为合理。在经营活动现金流入中，"销售商品、提供劳务收到的现金"是最重要的现金来源，占据绝对比重，表明该公司经营活动现金流入的结构比较正常；在投资活动现金流入中，"取得投资收益所收到的现金"体现了公司对外投资的收益状况，占投资活动现金流入的比例较低且呈下降趋势，表明公司的投资较为一般，能够产生正的投资收益较少；在筹资活动中，现金流入全部来源于借款所收到的现金，表明该期公司主要依靠借款进行融资。

由现金流量流出结构来看，经营活动现金流出占现金总流出比重较大的公司，其生产经营状况正常，现金支出结构较为合理。结合投资活动现金流出占现金总流出的比例，可以发现投资活动较为活跃，对公司现金流量的影响较大；在筹资活动现金流出中，现金流出全部用于分配股利、利润及偿付利息支付的现金。

4. 债务风险状况分析

表 4-5　债务风险状况分析表

项目	2017 年	2018 年	2019 年	优秀值	良好值	平均值	较低值
资产负债率（%）	30.18	24.39	34.47	48.6	53.6	58.6	68.6
现金流动负债比率（%）	19.78	26.62	28.72	28.0	22.0	12.4	4.5
带息负债比率（%）	23.07	24.30	36.47	23.5	33.4	42.8	61.3
速动比率（%）	66.77	120.18	123.05	138.4	105.5	72.8	44.3

数据来源：新疆洪通燃气股份有限公司 2017—2019 年财务报表

由表4-5及图4-5至图4-8可知，2017—2019年资产负债率呈波动上升趋势但均处于行业优秀值，说明公司有充分的资产保障能力来确保其负债按时偿还；现金流动负债比率呈上升趋势且高于行业良好值，说明公司经营活动产生的现金净流量较好，有较强的流动负债偿还能力；带息负债比率呈上升趋势且均高于行业平均值，说明公司未来偿债（尤其是偿还利息）压力有所增加；速动比率呈波动上升趋势，2018—2019年高于行业良好值，说明该公司流动性不断加强，短期偿债能力提高。综上所述，公司偿债能力较好，风险可控。

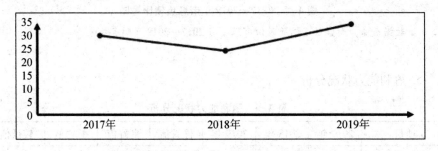

图4-5　2017—2019年资产负债率趋势图

数据来源：新疆洪通燃气股份有限公司2017—2019年财务报表

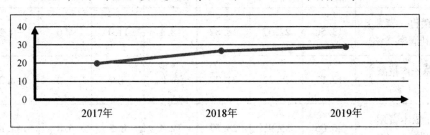

图4-6　2017—2019年现金流动负债比率图

数据来源：新疆洪通燃气股份有限公司2017—2019年财务报表

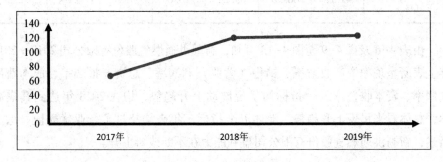

图4-7　2017—2019年速动比率图

数据来源：新疆洪通燃气股份有限公司2017—2019年财务报表

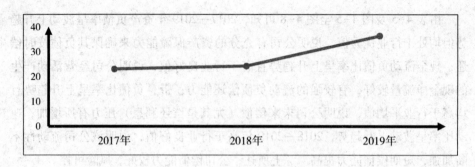

图 4-8　2017—2019 年带息负债比率图

数据来源：新疆洪通燃气股份有限公司 2017—2019 年财务报表

5. 盈利能力状况分析

表 4-6　盈利能力状况分析

项目	2017 年	2018 年	2019 年	优秀值	良好值	平均值	较低值
净资产收益率（%）	14.58	0.71	28.22	8.4	6.4	5.0	-0.5
销售（营业）利润率（%）	13.50	22.57	18.82	18.1	11.1	4.6	-0.2
总资产报酬率（%）	12.77	25.82	21.77	6.1	4.9	3.2	-0.2
成本费用利润率（%）	20.06	35.95	28.57	12.4	8.5	5.8	-4.8
资本收益率（%）	41.28	66.79	65.24	10.0	7.9	6.3	-2.3

　　由表 4-6 及图 4-9 至图 4-13 可知，新疆洪通燃气股份有限公司 2017—2019 年上表所呈现净资产收益率、销售（营业）利润率、总资产报酬率、成本费用利润率、资本收益率五个指标均呈现波动上升趋势，均在 2018 年达到其最高值，总体看来呈现上升趋势，上述五个指标三年来均超过了行业优秀值。综上所述，新疆洪通燃气股份有限公司盈利能力在不断改善上升。

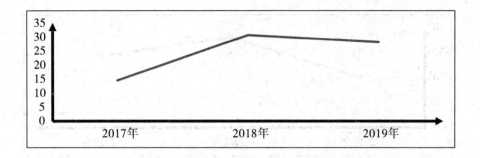

图 4-9　2017—2019 年净资产收益率图

数据来源：新疆洪通燃气股份有限公司 2017—2019 年财务报表

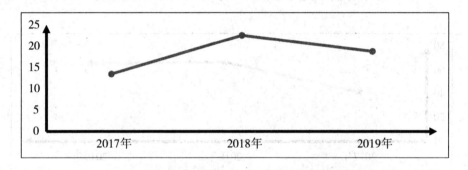

图 4-10　2017—2019 年销售（营业）利润率图

数据来源：新疆洪通燃气股份有限公司 2017—2019 年财务报表

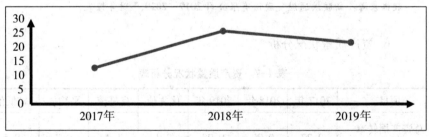

图 4-11　2017—2019 年总资产报酬率图

数据来源：新疆洪通燃气股份有限公司 2017—2019 年财务报表

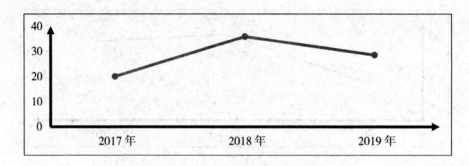

图 4-12　2017—2019 年成本费用利润率图

数据来源：新疆洪通燃气股份有限公司 2017—2019 年财务报表

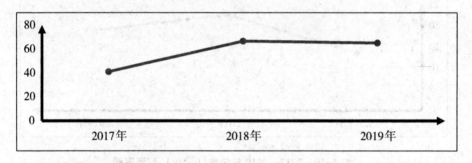

图 4-13　2017—2019 年资本收益率图

数据来源：新疆洪通燃气股份有限公司 2017—2019 年财务报表

6. 资产质量状况分析

表 4-7　资产质量状况分析表

项目	2017 年	2018 年	2019 年	优秀值	良好值	平均值	较低值
总资产周转率（%）	0.77	0.98	0.98	2.1	1.1	0.7	0.5
流动资产周转率（次）	1.49	1.77	1.59	5.2	3.2	1.7	1.0
存货周转率（次）	28.63	36.73	47.27	31.3	22.5	13.0	7.8

项目	2017 年	2018 年	2019 年	优秀值	良好值	平均值	较低值
应收账款周转率（次）	44.09	28.56	34.04	30.5	21.8	13.6	9.4
成本费用率（%）	21.43	36.75	28.99	25.9	20.5	12.6	2.2

由表 4-7 及图 4-14 至图 4-18 可知，新疆洪通燃气股份有限公司 2017—2019 年总资产周转率在不断上升，在 2018 年达到三年间的最高值 98%，超过了行业平均值，2019 年新疆洪通燃气股份有限公司继续保持其较好的总资产周转率；该公司流动资产周转率三年来波动上升，在 2018 年达到最大周转次数 1.77 次，首次突破行业均值 1.7 次，但 2019 年略有下降达 1.59 次，总的来说，新疆洪通燃气股份有限公司流动资产周转率相较于 2017 年来说还是呈上升趋势；该公司存货周转率三年来呈直线上升趋势，在 2019 年达到最大周转次数 47.27 次，在 2018 年该公司存货周转率首次突破行业优秀值 31.3 次；该公司应收账款周转率三年来呈波动下降趋势，在 2018 年达到最小周转次数 2.56 次，但仍高于行业良好值，在 2019 年有回升趋势，应收账款周转率达 34.04 次，超过了行业优秀值 30.5 次。综上所述，新疆洪通燃气股份有限公司资产质量状况还不错，在 2019 年均在行业均值以上，其中存货资产质量最佳，存货管理水平值得借鉴。2017—2019 年成本费用率呈波动上升趋势且高于行业优秀值，在不考虑外界因素对公司的影响的情况下说明该公司成本费用的控制能力和经营管理水平良好。综上所述，资产质量状况良好。

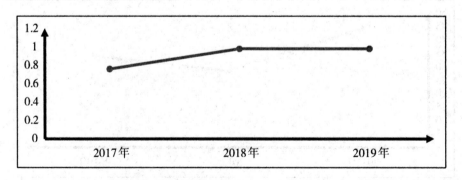

图 4-14 2017—2019 年总资产周转率图

数据来源：新疆洪通燃气股份有限公司 2017—2019 年财务报表

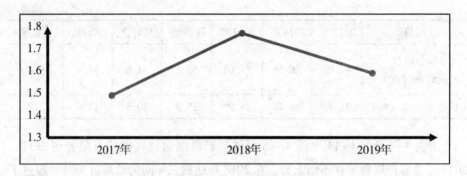

图 4-15　2017—2019 年流动资产周转率图

数据来源：新疆洪通燃气股份有限公司 2017—2019 年财务报表

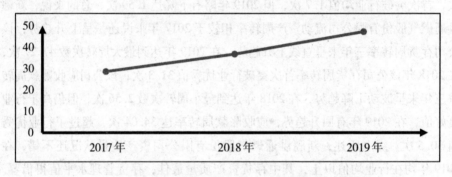

图 4-16　2017—2019 年存货周转率图

数据来源：新疆洪通燃气股份有限公司 2017—2019 年财务报表

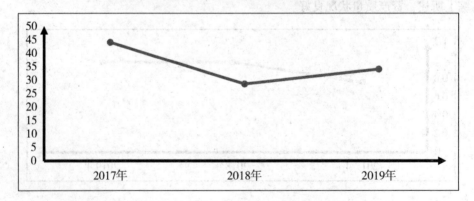

图 4-17　2017—2019 年应收账款周转率图

数据来源：新疆洪通燃气股份有限公司 2017—2019 年财务报表

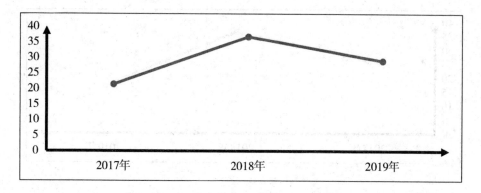

图 4-18　2017—2019 年成本费用率图

数据来源：新疆洪通燃气股份有限公司 2017—2019 年财务报表

7. 经营增长状况分析

表 4-8　经营增长状况分析表

项目	2017 年	2018 年	2019 年	优秀值	良好值	平均值	较低值
销售（营业）增长率（%）	26.11	36.66	17.06	25.9	20.5	12.6	2.2
资本保值增值率（%）	128.49	133.53	126.75	109.3	106.9	105.3	102.3
总资产增长率（%）	-4.24	15.82	19.10	16.8	12.2	8.0	-5.1

　　由表 4-8 及图 4-19 至图 21 可知，2017—2019 年销售（营业）增长率呈波动下降趋势但均高于行业平均值，在不考虑外界因素对公司的影响的情况下说明该公司经营状况和市场占有能力较强、公司经营业务拓展呈上升趋势；资本保值增长率呈波动下降趋势但均高于行业优秀值，说明该公司经济效应良好。总资产增长率呈大幅上升趋势且 2019 年高于行业优秀值，说明该公司资产规模持续上升，公司后续发展能力较强。综上所述，该公司经营增长呈良性正增长。

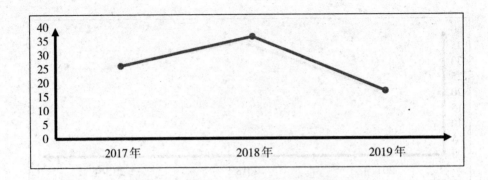

图4-19 2017—2019年销售（营业）增长率图

数据来源：新疆洪通燃气股份有限公司2017—2019年财务报表

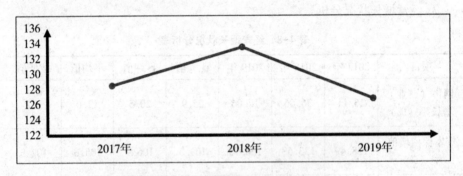

图4-20 2017—2019年资本保值增值率图

数据来源：新疆洪通燃气股份有限公司2017—2019年财务报表

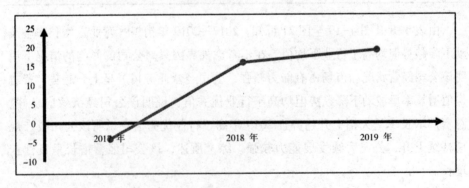

图4-21 2017—2019年总资产增长率图

数据来源：新疆洪通燃气股份有限公司2017—2019年财务报表

（三）公司未来三年经营情况预测

根据公司出具的未来三年经营预测分析：2021 年预计销售收入为 98，261.68 万元，税后利润 18，489.17 万元；2022 年预计销售收入为 108，780.85 万元，税后利润 20，338.09 万元；2023 年预计销售收入为 118，896.83 万元，税后利润 22，371.90 万元。

（四）其他需要说明的情况

新疆洪通燃气股份有限公司所属行业为水电燃气，我国水电燃气行业上市公司 123 家。截至调查日，市盈率，新疆洪通燃气股份有限公司 24.88 倍，高于燃气生产和供应业一个月平均市盈率 22.00 倍，高于 23 倍市盈率红线，处于水电燃气上市公司 67 位，每股收益 0.53，处于水电燃气上市公司 12 位。

按区域板块分析，公司位于新疆区域，该区域上市公司 59 家。截至调查日，结合股价、涨跌幅、涨跌额、成交量等指标综合评价位于第三位。

新疆洪通燃气股份有限公司生产经营、财务状况正常，未出现重大经营风险隐患，具备一定发展空间。

四、洪通燃气等级评定情况

（一）客户行业及规模认定

根据《统计上大中小微型公司划分办法（2017）》规定，认定燃气生产和供应业行业规模为小型公司。

（二）系统初评情况及得分

1. 财务绩效指标得分情况

基本指标定量评价得分 88 分，具体如表 4-9 所示：

表 4-9 基本指标定量评价表

指标类型	指标名称	指标值	指标得分	指标权重
盈利能力	净资产收益率	28.22	20	20
	总资产报酬率	18.42	14	14
资产质量状况	总资产周转率	0.98	10	10
	应收账款周转率	36.74	10	12

续表

指标类型	指标名称	指标值	指标得分	指标权重
债务风险状况	资产负债率	34.47	12	12
	速动比率	1.23	8	10
经营增长情况	销售（营业）增长率	17.06	8	12
	净利润增长率	3.21	6	10

数据来源：新疆洪通燃气股份有限公司 2017—2019 年财务报表整理分析

2. 管理绩效指标得分情况

管理绩效指标得分为 72 分，具体得分情况如表 4-10 所示：

表 4-10　管理绩效指标表

	选项		内容	得分	得分原因
竞争能力	公司产品（服务）的竞争力	产品（服务）的可替代性和行业的进入门槛	公司处于充分竞争的行业，公司的产品或提供的服务在品牌、设计与质量等方面与同行业其他公司比较没有明显的区别	10	燃气生产和供应业行业竞争较为充分
		需求与经济周期的关系	公司提供的产品或服务属于必需品，其需求受经济波动的影响很小		公司提供的服务的需求与经济周期无相关性
	公司竞争优势	客户稳定性	公司主要客户群较为稳定，且集中程度一般	7	公司客户群稳定，较为分散
		行业体制改革	对客户经营无明显影响或目前暂无体制改革		公司暂无体制改革
		政府支持力度	相关法律、法规或政府监管给予公司一定的支持。当地政府在相关的征地、拆迁、税收等工作给予较大的优惠措施支持		相关法律、法规或政府监管给予了公司一定的支持

续表

		选项	内容	得分	得分原因
公司管理	公司管理层评价	公司的领导方式和授权程度	平均水平：公司的重大决策由主要的领导做出，但是日常决策已经授权到工作层面，缺少主要的领导人对公司只会产生有限的影响	16	公司的领导方式和授权程度处于平均水平
		主要领导人在相关行业的平均工作年限	主要领导人在相关行业从事管理工作时间10年（含）以上		公司法定代表人在相关行业从事管理工作时间10年以上
		主要领导人的稳定性	核心管理层稳定，近三年内没有大的变动		公司核心管理层稳定，近三年基本无变动
		公司的组织架构	公司初步建立起各司其职的管理架构，各管理人员所负责的工作范围及职能大致清晰。管理效率达致可接受的水平		公司初步建立起各司其职的管理架构，各管理人员所负责的工作范围及职能大致清晰
		公司的财务管理水平	平均水平：有书面的简单的财务管理制度，岗位责任制比较健全，财务负责人关心利率情况，但不太坚持降息或降费率的要求，管理费用控制在一定范围内		公司的财务管理水平处于平均水平，有书面的财务管理制度，岗位责任制比较健全
	公司治理情况	股东控制力	股东和经营者之间建立了权力制衡机制	8	公司股东是刘洪兵等人，公司权力制衡机制实施效果良好
		关联交易	关联交易和资金往来频繁，存在难以清晰了解的情况		公司关联交易较频繁
		公司治理结构	依法设立，制定了公司章程，发起人和股东符合法定人数，但公司的组织架构和治理结构一般，尚未建立独立董事制度		根据公司公司章程，公司为公司章程，建立独立董事制度

续表

	选项		内容	得分	得分原因
公司管理	员工情况	员工教育程度	管理、技术人员中具有中级（含）以上职称的比例在50%（含）以下	8	公司具有中级（含）以上职称的管理、技术人员正常，略高于50%
		专业情况	员工岗位职责较清晰、专业化分工较明确、有职业培训和上岗认证		公司员工岗位职责较为清晰，专业化分工较明确
		员工薪酬	员工薪酬为市场合理水平		公司员工薪酬为市场合理水平
	财务风险管理	资金积累	自身能积累现金利润，但生产经营的资金保证程度一般，但自有资金不能完全满足投资发展需求，投资发展能力一般	6	公司较依赖银行借款，公司自有资金不能完全满足投资发展需求
		资金使用	财务资金基本能实现有效集中、合理使用，统贷统还		公司资金基本能实现有效集中，合理使用
		资产负债结构	公司资产负债结构较为合理，基本不存在短债长用现象，注意对流动性和债务到期的管理		公司资产负债结构合理，流动性管理好
经营状况	生产经营情况	生产布局	经营服务场所布局基本合理，交通、水电供应基本正常	8	公司经营服务场所布局基本合理
		销售季节性	公司销售基本没有周期性		公司销售基本没有周期性
		商品多元化程度	商品多元化程度一般，能一定程度上满足客户多方面或者定制的需求		公司商品多元化程度一般

续表

	选项	内容	得分	得分原因
经营状况	公司前景	销售规模增长情况	未来 1 年内，销售规模将维持稳定	6	过去三年公司销售收入增长率平均值为 26%，未来 1 年公司预计销售收入增长为正。因此与过去三年的平均值相比，销售规模将保持稳定
		销售利润率增长情况	与过去三年的平均值相比，未来 1 年内销售利润率将保持稳定		过去三年公司销售利润率平均值为 22.35%，未来 1 年公司预计销售利润率将保持稳定
	经营发展战略	战略规划	拥有未来 1~5 年的战略规划，但不够清晰或缺乏深度	3	公司拥有战略规划，较为清晰
		战略决策	战略中某些部分与组织架构的要求产生了矛盾，某些目标的实现存在困难		战略中某些部分与组织架构的要求较为匹配
		交流系统	战略决策在各级管理层之间的交流不充分		公司信息交流较为充分

数据来源：新疆洪通燃气股份有限公司公司章程及调研

（三）评定结论

财务总监朱总根据《公司绩效评价标准值》及《统计上大中小微型公司划分办法（2017）》，经调查和初评，新疆洪通燃气股份有限公司，公司规模为小型，按照公司综合财务绩效分析评价操作方法采取管理绩效 21.6（72×30%）和财务绩效 61.6（88×70%）计算，公司等级综合得分为 83.2 分，初评结果为良好级。综上所述，新疆洪通燃气股份有限公司财务绩效较为良好。

五、尾声

2020 年 11 月，天然气表观消费量 291.01 亿立方米，同比增长 8.67%；天然气产量 168.60 亿立方米，同比增长 11.80%；天然气进口量 128.45 亿方，同比减少 2.42%。12 月上海油气中心 LNG 出厂价格全国指数平均值为 5,353 元/吨，同比增加 27.55%、月环比增加 44.96%。根据财务总监朱总统计：2020 年 12 月，重点城市平均气温 4.91℃，同比下降 23.94%，低于近 20 年平均值 6.47℃。12 月 LNG 出厂价格指数平均值同比上升 27.55%、月环比上升 44.96%，价格环比大幅回升。受 2020 年"疫情"影响，燃气消费价格指数曾呈现持续下跌态势，随着下游需求的回暖，6 月以来价格逐渐企稳至明显回升。截至 2021 年 1 月 8 日，中国 LNG 出厂价格全国指数为 5,891 元/吨，同比上升 55.11%、月环比上升 22.30%；截至 1 月 14 日，中国 LNG 到岸价为 32.50 美元/mmBtu（按 1 美元＝6.46RMB、1mmBtu＝29 方测算，约 7.24 元/方），同比大幅上涨 513.50%。可得出结论，天然气消费增长具有确定性，管道运营商和城市燃气公司如能保证气源的供给，同样可受益于下游需求增长，公司的未来有好的发展前景。

本案例由新疆科技学院财会系教师李凯悦撰写。

思考题：

1. 针对公司 2017—2019 年应收账款变化情况，围绕公司经营方式和信用政策进行简要评价。

2. 新疆洪通燃气股份有限公司持续经营靠什么？

3. 新疆洪通燃气股份有限公司有没有核心竞争力？如果有，会在财务上有哪些表现？

案例三　中泰纺织集团精细化成本管理之路

摘要： 党的十九大报告指出，坚持质量第一、效益优先，大力推动经济发展质量变革、效率变革和动力变革。中国纺织加工总量占到世界总量一半以上，而全球经济仍处于深度调整期，我国纺织行业企业的成本负担较重，因此，需要不断拓展新的管理模式，将精细化成本管理思想融入成本控制体系，实现纺织企业质量和效益转型升级。本案例以中泰纺织集团的成本管理链条为基础，基于其发展的需求，利用自身具有原材料耗用量大、生产流程长、生产工序多、产品品种规格多的特点，以精细化成本管理理念为指引，通过系统化、精细化的成本管控，准确做好成本对标，并遵循责、权、利相结合的原则，做到奖罚分明，切实提高成本管理和成本控制质量。

关键词： 降本增效　成本管控　精细化管理

一、引言

2019 年 11 月 1 日，新疆中泰纺织集团有限公司（简称"中泰纺织集团"）召开生产调度会，会上通报了两个纺织车间打包带损耗、蒸汽流量使用数据对比，纺织一、二车间打包带损耗分别为 1.0%、0.2%，纺织一车间打包带损耗高出 0.8%，这个数据引起了大家的震撼，会议要求纺织车间查找原因，降低成本，减少损耗，一石激起千层浪，自此开启了中泰纺织集团纺织车间的降本增效征程。

中泰纺织集团是一家主要从事纤维素短纤维及差别化、功能化纤维素短纤维的生产、销售及技术开发的公司。以往其成本管理主张各项操作都基于成本费用开展，机械地控制成本，一定程度上产生了作用，但是在当下纺织行业竞争激烈的背景下，成本管理措施收效甚微。因此，公司管理层急需全面分析成本管理现状，成本管理需要融入新的管理理念，自发地把生产运营过程与成本费用、效益彼此挂钩，注重高质量发展中经营效益的提升。因此，降低成本无疑是提高经营效益的关键环节，要维持与增强其产品竞争力，根据纺织企业的总体经营周期来说，降本增效是中泰纺织集团的优先选择。

二、案例背景

（一）行业背景

近年来，纺织行业历经中美贸易大战、贸易环境风险上升、纺织产品内外销市场持续承压等一系列的考验，加上各个行业又面临人力成本增长过快、原材料价格增幅较大、融资成本逐步提高、环保压力与日俱增等诸多挑战，纺织行业的竞争越来越激烈。

就纺织行业的发展趋势来说，2019 年前三季度，中国 688 家规模以上企业主营业务收入 645.22 亿元，较上一年同期减少了 5.79%，利润总额为 43.58 亿元，相比上一年同期减少 7.73%，因此，纺织行业的发展面临严峻的考验。为进一步落实党中央、国务院大力支持发展服装纺织产业促进就业的战略部署，纺织产业逐渐形成"碱—纤—纱"为一体的产业链，一旦一个环节遇到问题，整个产业链的持续发展将受影响。然而，纺织产业链条下游的织布、印染和服装厂复工受限，尚未进入上下游联动的良性发展轨道，导致从粘胶纤维到纱线，整体库存压力不断增大。随着库存积压，纺织企业逐步调整生产负荷，导致生产成本上涨，企业面临严峻的经营困难。

目前，中国纺织企业以打造智能化纺纱厂为目标，在现有基础上提升自动化水平，采用自动化、智能化纺纱工艺设备对纺纱产能进行改造提升，推动装备升级，最大程度降低生产成本，提升产品档次。利用大数据、云计算等信息化手段，将区域化、专业化分类的客户需求和生产线进行匹配，加强客户资源的精细化管理，保证客户供货渠道的稳定性，努力扩大面向东南亚等国际新兴纺织加工区域和中亚五国、俄罗斯以及土耳其、东欧等市场的产品出口，找准市场定位，做好资源配置，形成可持续增长的商业模式。

（二）公司发展概况

中泰纺织集团位于库尔勒经济技术开发区，于2019年8月6日由新疆富丽达纤维有限公司更名而成。公司成立于2007年8月6日，注册资本23.79亿元人民币，2016年4月由新疆维吾尔自治区国有一类大型企业新疆中泰（集团）有限责任公司全额收购，现为国有全资公司。公司位于库尔勒经济技术开发区218国道东侧、库塔干渠北侧，占地面积约200公顷，主要从事纤维素短纤维及差别化、功能化纤维素短纤维的生产、销售及技术开发。主导产品有棉型漂白、中长漂白、细旦漂白、毛型漂白等各规格纤维素短纤维，以及各种不同纤度、长度的特种及有色纤维素短纤维，配套热电联产综合配套项目，已形成从绿色制浆、再生木浆制造、纤维素短纤维生产、高端纺纱的发展模式，成为年产38万吨纤维素短纤维、9万吨浆粕、30万吨硫酸，配套76MW动力站，资产总额100亿元，各族员工2100人的大型企业。

目前，中泰纺织集团正朝着品牌化、品质化和国际化的方向，向世界一流企业迈进，进一步寻找一条转理念、转方式的快速、高质量的发展之路。

三、中泰纺织集团主要财务指标

通过查阅中泰纺织集团财务报告，以及通过实地调研获取的相关资料，选择评价该公司的财务指标营业收入、净利润、总资产、净资产、净利率和毛利率来描述。

表 4-11　中泰纺织集团总资产与净资产变动　　　　　单位：亿元

时间	2012 年	2013 年	2014 年	2015 年	2016 年	2017 年	2018 年（1-9）
总资产	43.05	45.97	51.44	73.66	139.01	171.73	190.71
净资产	9.13	10.18	19.41	25.55	43.34	42.62	40.7

表 4-12　中泰纺织集团营业收入与净利润　　　　　单位：亿元

时间	2012 年	2013 年	2014 年	2015 年	2016 年	2017 年	2018 年（1-9）
营业收入	36.5	35.83	36.62	35.7	62.33	67.84	55.04
净利润	0.48	0.79	0.71	3.01	7.16	5.35	3.63

表 4-13　中泰纺织集团净利率与毛利率

时间	2012 年	2013 年	2014 年	2015 年	2016 年	2017 年	2018 年（1-9）
净利率	1.31%	2.2%	1.95%	8.55%	11.49%	7.88%	6.6%
毛利率	12.07%	12.31%	11.88%	16.41%	18.52%	14.99%	13.72%

资料来源：天眼查企业信息官网

　　通过以上六个指标，反映出中泰纺织集团在 2014 年以后实现了突飞猛进的发展，一方面，得益于"一带一路"倡议的实施为其带来了更好的发展机遇，差别化的政策优势更是其成长的助推器；另一方面，母公司强大的资金实力和良好的企业信誉注入中泰纺织集团，产业链布局的重新谋划，带动了其高质量快速发展。然而，随着市场竞争日趋激烈，中泰纺织集团要实现行业巨头的战略目标，亟须找到提升公司持续发展的动力，形成新的盈利模式。

四、中泰纺织集团成本管理现状

　　纺织车间主任接到降本增效的"军令状"，倍感责任重大，要在降低成本中有成效，纺织车间管理团员达成一致意见：全方位掌握公司目前的成本管理现状，以便有针对性地提出改进措施。于是纺织车间主任组织成本管理人员，开展成本管理现状调研和分析。

经过一个月的调研，纺织车间管理团队基本上形成了对公司经营现状的准确认识，纺织业能以低成本的产品占领市场，其关键是成本控制，而成本控制的重要环节是从企业内部挖掘潜力，最大限度控制各项成本的增长。经历了跨行业并购的中泰纺织集团，在面临外部环境原材料价格上升、融资成本上升等不利因素时，单纯降低某个环节的成本，不能改变成本管理的现状。因此，需要全面找到成本管理弱点，从而将成本管理当作系统工程来完成。

（一）成本管理意识淡薄

中泰纺织集团整体成本控制的思想意识淡薄，追求短期经济效益，成本管理观念落后、片面，生产和经营环节的成本管理中出现了头重脚轻的问题，没有对导致成本上升或者成本控制的关键因素进行分析。从中泰纺织集团的产品构成来看，原材料成本约占生产成本的70%，而管理者并未意识到这一点，没有对材料从采购到生产环节实施控制，同时对产品质量问题所造成的经济损失没有给予高度重视。

由于没有将成本管理意识融入企业员工日常工作中，员工对成本控制没有责任意识和紧迫感，因此，公司管理层制定的成本管理制度无法有效发挥作用，从而影响了精细化成本管理在成本控制中的效率，公司成本控制仍旧停留在单一环节的成本控制，成本管理还有许多空白区，资金在一些不必要的环节沉淀，没有形成有效流动。

（二）成本管理方式落后

中泰纺织集团成本控制缺乏成本目标导向，根据以往所采取的以历史数据做出成本预算并以此进行成本管控的方式过于简单，无法适应日益变化的市场经济环境。成本管理方式缺乏精细化成本管理的具体实施，与实际管理相脱节，无法制定科学的成本管理目标，出现岗位职责不明确、不对等，岗位责任落实难、落实不到位等情况，没有充分发挥成本管理的重要作用。主要原因一方面是公司成本控制没有实现控制环节与落实责任岗位的精细化；另一方面是没有相应的奖罚机制，缺乏完善的绩效考核和评价管理体系，难以调动员工工作积极性，公司在成本管理过程中，控制范围过窄、工作缺乏深度，进而影响成本管理措施的有效实施。

（三）员工素质有待提高

在实际成本控制管理过程中，部分员工工作能力和综合素质无法完全胜任企业的成本管理要求，成本控制管理人员的综合素质有待提高，同时，具有较长工龄、有经验的工作人员年龄相对偏高，对于新事物的接受能力较差，在成本控制工作中事前预测和事中控制的实际运用能力较差，这在很大程度上影响了公司成本控制的有效开展和落实。

成本管理是一项系统性、复杂性工作，公司在实际管理过程中，尚无切实做到全面考虑、系统开展，缺乏对各个环节成本因素的全面考虑，成本管理缺乏全面性和有效性。

五、中泰纺织集团降本增效的策略

在全面分析成本管理现状基础上，纺织车间主任带领车间全体员工选择了精细化成本管理方法，走出了一条降本增效的成本管理之路。

（一）总体布局降能耗

纺织车间主任召集车间各岗位的员工，组织开展节能降耗动员大会。会议上，根据中泰纺织集团总体发展战略，经营状况、成本管理现状和趋势，进一步细化对纺织车间的工作任务和标准，要求在保证安全生产的情况下，提升产品质量，以客户满意为生产标准，以客户需求为生产指标，全力创建品牌效应。准确把握当前纺织行业发展方向，鼓足干劲，充满信心，迎接挑战。

本次动员大会主要从以下三个方面推动了纺织车间精细化成本管理工作：

首先，全体员工转变成本控制理念，加强对预算的分析，正确认识精细化成本管理对纺织车间降低能耗的意义。各岗位认真分析每一个生产数据，从节约每一度电、每一滴水、每一张纸等生产生活点滴行为抓起，切实降低成本、控制不必要支出，杜绝浪费。

其次，学习借鉴"阿米巴经营"经营理念，划小细分核算单元，强化成本控制，增强全员节约、提质增效的积极性，追求利益最大化。进一步提高各级员工事业心、责任感，优化生产工艺，提升产品竞争力，采购、销售、生产信息共享，成本管理信息更加透明化，降低库存，稳定产量，提升副产品价值。

最后，精细化成本管控。在常规管理的基础上，深入细化到班组、日常工作和生产流程的各个环节。通过调整组织职能和岗位，设置具体的精细化成本管理岗位和专员，对精细化成本管理环节进行监督和评价，以达到任务和考核的闭环循环。

(二)引入"阿米巴"经营理念,打好降本增效攻坚战

按照中泰纺织集团统一部署,纺织车间再次组织全员学习"阿米巴"经营理念,建立在对员工的信任上,以人心为根本,相信员工的能力,把经营建立在互相信任的基础上,充分挖掘员工作为一个"人"所具有的智慧与能力。员工不是机器,不是单纯利用工具,而是公司经营共同体中的一员。将成本管理工作任务进行分解,以实现全员参与的目标。所有员工在工作组织中建立"以家为根""以梦为源"的理念,安排任务坚持高度透明,全员参与,每个工作任务单元中的"阿米巴",就像一个家庭,所有人扎根,以"阿米巴"模式中的"单位时间核算"机制,类似于家庭记账模式进行,增强了员工的亲近感,在"阿米巴"模式中,员工工作的激情来自"尊重、放权和独立思考",将"阿米巴"当作自己的事业全身心投入,迸发出无穷的激情,因此,能够全力以赴去实现工作目标。

坚持眼睛向内,持续深挖内潜,向管理要效益,狠抓增收节支,提高经济效益。结合纺织车间发展现状,根据2020年度生产预算成本,逐步制定《推行"阿米巴"经营模式实施方案》,目前,由于公司统筹"阿米巴"模式的实施,各车间和部门仅限于"阿米巴"经营理念的学习,成立了降本增效工作小组,全力推动降本增效工作的开展,主要从内部生产成本、综合利用闲置物资及修旧利废、采购销售和争取政策补贴等方面,进一步激发节能降耗、提质增效的工作动力。

2020年纺织车间气流纺产量30,000吨,投入直接材料、人工成本和制造费用如表4-14所示:

表4-14 2020年纺织车间气流纺成本核算表

项目	单耗	单价 (元/吨)	耗量 (吨)	成本金额 (元)	单位成本 (元)	较2019年 成本变动 (%)
直接材料				466,201,320.80	15,540.04	6%
主要材料 (吨)	0.74	11,000.00	22,200.00	244,200,000.00	8,140.00	—
配棉 (吨)	0.40	11,000.00	12,000.00	132,000,000.00	4,400.00	—

续表

项目	单耗	单价 （元/吨）	耗量 （吨）	成本金额 （元）	单位成本 （元）	较2019年 成本变动 （%）
原棉成本	1.14		34,200.00	376,200,000.00	12,540.00	—
包装物				79,606,320.80	2,653.54	—
编织袋 （条/吨）	40.00	0.32	1,200,000	384,000.00	12.80	—
包袋 （克/吨）	2,031	1.30	60,930,000	79,209,000.00	2,640.30	—
口绳 （克/吨）	45.00	0.01	1,350,000	13,320.80	0.44	—
电费	990	0.35	29,700,000	10,395,000.00	346.50	—
直接人工	320.00			9,600,000.00	320.00	5%
制造费用				21,000,000.00	700.00	4%
折旧	680.00			18,000,000.00	600.00	—
其他	100.00			3,000,000.00	100.00	—
成本结转				496,801,320.80	16,560.04	

资料来源：笔者自行收集与整理

降低成本和节能降耗永远在路上，以车间班组为单元，全面加强成本核算，切实提高全员节约成本、降低增效的意识，树立"节约就是创造效益"的理念，从2020年纺织车间气流成本核算结果来看，各成本项目成本消耗平均降低5%，进一步实现了企业运营成本最低化、效益最大化。

（三）抓好材料定额管理

纺织车间技术人员对产品成本结构进行分析，对材料进行定额管理，严把材料审批关、领料关，杜绝多领、积压等现象。把材料修旧、复用等成本项目纳入绩效考核，对超领、超用材料的单位和个人按比例进行处罚，对废旧物利用率的单位和个人进行奖励，提高了车间节约材料的积极性和主动性。

1. 第一步，制定材料消耗定额

在分析材料消耗定额构成的基础上，正确制定材料消耗定额，从材料投入生产开始，到产品制成为止的生产过程中，纺织车间材料消耗定额由三部分构成：（1）有效消耗量。产品的净用量，全部用在棉纱上的消耗量。（2）工艺性消耗。产品生产加工过程中的损耗与原材料加工准备过程中的损耗，这部分损耗主要通过引进先进的工艺技术，或者优化生产流程来降低消耗。（3）非工艺性损耗。材料在运输和保管中的损失、来料不符合要求造成的损失、化验和检验损耗，以及工艺试验等损耗，这部分损耗要在技术和管理上尽可能去降低。由于在产品生产过程中造成材料消耗定额的因素不同，消耗定额也就不同。材料消耗定额可以分为两类：工艺定额＝产品净用量＋工艺性损耗；供应定额＝工艺定额＋非工艺损耗。

2. 第二步，材料消耗定额的执行与考核

产品材料定额制定并批准后，各相关部门和操作人员认真贯彻执行。在物资供应中，按照材料消耗定额核算各种材料的需用量，按时组织货源；在车间内部材料发放上，以材料消耗定额为依据，认真组织配料和限额发料。技术部门按照产品性能和工艺要求选择材料，生产部门加强统计分析工作，健全原始记录，通过对材料消耗定额执行情况的分析，不断提高材料消耗定额管理水平。

3. 第三步，提高操作工人的主人翁意识

原棉成本在产成品成本总价中占有很大的比例，它的节约与浪费直接关系到车间利润的高低。车间通过购置先进的生产线，技能培训和外部引入高素质的技术工人来操作，这些技术工以主人翁的态度工作，以"干毛巾也要拧出三滴水"的精神，做好节约用料。

（1）做好配料工作

为了合理用料和节约用料，车间一般设有配料站，对同品种、不同等级的材料进行合理搭配，按消耗定额配好每张生产任务单所需要的材料，提高棉丝利用率，降低原材料消耗。

（2）充分利用奖惩制度

奖惩制度是落实材料消耗定额最行之有效的方法，对操作工人实行节约原材料、降低产品成本一定比例奖励和罚款制度。产品消耗定额的核算只有在操作工人充分参与的前提下，才能真正落实。消耗定额的成本核算实行"一单一核算"，即每张生产任务通知单完成后，进行一次消耗定额的成本核算，计算出完成每张生产任务通知单的材料盈亏，以便实现及时控制。

（四）6S管理制度落地

纺织车间组织全员进一步学懂、学透"阿米巴"经营理念，进一步细化6S

管理制度。

1. 设立责任部门

公司统一管理车间 6S 管理制度的实施工作，组建了由各车间和部门人员参加的 6S 管理小组，该小组有权对各车间和部门 6S 开展情况进行指导、监督、检查、评比、奖惩和发布；各车间和部门组建本部门的 6S 管理小组，定期参加公司 6S 管理进行指导、监督、检查、评比、奖罚和发布工作，对本部门进行定期 6S 管理改善工作检查，发现问题立即整改。

2. 划分责任区

纺织车间根据自身特点，责任区划分为个人责任区和公共责任区，并对做好责任区的工作规范做了明确说明。

3. 建立定期分析机制

对不同车间和部门 6S 管理制度执行效果进行评价，主要目的是使员工落实岗位责任、熟悉流程运作和形成素养，实现"整理、整顿、清扫、清洁、素养和安全"的管理目标。

本着"花小钱，收大益"的原则，运用绩效考核抓手，制定专项奖励制度，激励员工自下而上提出合理化建议，致力于废旧物资利用，着重鼓励全员参与改造攻关，深挖装置潜能。

按照纺织车间整改的要求，纺织二车间需要对纤槽地面进行重新铺设地砖和加固车间的安全附件，纺织二车间组织全体员工就如何实现降低成本和完成整改双重目标建言献策。机动工王静提出：全员集体从废旧场堆中挑选地砖，并且员工自己动手铺设，大家认为这是既节约成本又提高废旧物资利用效率的方法。通过一周的整改，此次修旧利用废花岗岩 1000 多元，节省费用约四万元，纺织二车间制作护栏等安全附件，使用废旧暖气管制作，节约护栏材料 500 米，节约成本两万元。粗改细、大改小、旧改新，一切节省的措施都在见效。

（五）精细化管理的"法宝"

1. 变废为宝

绿色 PET 打包带是纱厂输送纤维包的材料，纺织二车间主任带领技术人员走进纺织车间成品打包区域，在纤维包上反复比画，寻找降低打包带成本的方法，最终通过两种渠道降低打包带的成本：第一，在烘干工段，烘干工加大巡检频次，发现生产波动、指标异常，及时调整工艺，严控质量指标，产品的回潮合格率稳步提高，打包带的用量也随之减少；第二，通过整理收集打包带进行重复利用，经过测算，一根绿色 PET 打包带成本为一元，回收率 70%，节约 0.7 元，一吨纤维包使用打包带可以降低八元左右，按照一个月车间纤维包的产出量计算，车间在打包带回收利用方面可节约 10 万元以上。于是，纺织二车间算了一笔细账后，定下目标——全员上阵，降成本，增效益，做到节能环保。

2. 全员上阵，降成本

对各岗位操作工进行培训，通过经验交流，提高工艺操作技能。在纺织车间，利用检修机会打磨集束机辊筒，使得辊筒表面光滑不易缠丝，减少绕辊次数，降低废丝数量，并对烘干机进行密封改造，通过调小高压轧车与小压辊之间的间隙以及检查铺棉的均匀性来减少蒸汽使用量。与此同时，车间每月开展一次岗位练兵比武活动，收集合理化建议，全员为推动降本增效出谋划策，落实落细每一项成本管理措施，为提升企业效益做出积极贡献。

3. 优化设备

按照中泰纺织集团关于优化设备、降低能耗、提高效能的规划，纺织车间开始了优化设备的举措。

纺织车间的纺丝机出口原有刮酸器，在升头过程中经常出现卡丝现象，导致丝束不畅，甚至引发缠辊，刮酸效果不佳，部分酸随丝束进入给纤槽，对后续工序造成影响。于是，工艺技术人员组织纺丝操作工人制定统一的优化方案：在纺丝导丝盘上方加装磁棒，起到了刮酸作用；与此同时，刮下的酸有效清洗了导丝盘，减少结晶的同时消除了机械故障，酸流入酸浴槽中，形成二次使用。车间对纺丝升头过程中刮酸效果进行改造，硫酸单耗降低每吨 20 公斤，每月节约成本 24 万元，此外，这一举措改善了纺织车间的现场环境，提高了安全系数。

4. 管出效益

由于纺织车间纺丝过程中非计划、生产异常集束机绕辊而造成废丝率的上升，因此，公司制定新废丝管理规定，增加对车间、班组废丝量的考核条款，废丝量明显降低，根据数据测试，每生产一吨纤维最多产生 1.3 公司废丝，每吨废丝与产品丝差价 4000 元，每月可节约成本 13.6 万元，另外，换头换芯时排出的粘胶再回到原液车间进行二次利用，减少了浪费。

六、尾声

时光飞逝，2020 年度中泰纺织集团生产大会上，各车间和部门做出总结报告，纺织车间主任做了纺织车间一年来精细化成本管理的经验总结报告，并对今后的成本管理工作提出可操作的计划，这也为整个集团走出了一条可持续发展之路。

思考题：

1. 中泰纺织集团成本管理中的问题有哪些？

2. 中泰纺织集团纺织车间采用了哪些精细化管理的措施？

3. 精细化成本管理在公司成本管理实践中应注意的问题？

参考文献：

［1］杨文杰. 制鞋企业材料消耗定额管理［J］. 中国皮革，2006（6）.

［2］李冰峰. 棉价过山车苦了企业［J］. 农产品市场周刊，2011（26）.

［3］牛方，李明杰. "四年四步"中泰纺织集团高质量发展表率全疆［J］. 中国纺织，2020（1）.

案例四　探究小米集团的经营战略

摘要：随着我国自主品牌的强大与发展，社会公众对国产商品越来越有信心，而说起智能手机，不得不提的就是小米。小米自创立以来，以令人惊叹的增长速度驰骋在市场上，通过互联网的营销模式，收获了一批忠实且热爱小米的"发烧友"，并于 2018 年 7 月 9 日在香港主板上市，但是市场口碑如此好的小米却在上市首日即遭破发，其背后的数据与市场上估值完全不符，那么究竟是何原因导致小米上市后股价持续走低？小米到底是制造业公司还是互联网公司？通过对本案例的学习，帮助学生理解所学的较为分散的会计知识，有意锻炼学生将知识融会贯通的能力，也致力于提高学生通过报表剖析问题的能力。

关键词：优先股　投票权　互联网公司

一、引言

小米集团是多元化战略实施较为成熟的公司，社会大众对小米集团是制造业公司还是互联网公司心存疑惑，本文以经营战略视角分析小米集团战略转型的特点和影响。

二、小米集团的简介

小米集团是一家专注于智能手机、智能电视和智能家居生态链成业务的创新型企业。公司在 2010 年成立并于 2018 年在港交所正式上市，是香港上市公司中第一家采用不同投票权架构的公司。小米集团的口号是"让每个人都能享受科技的乐趣"。公司借助互联网的经营模式，生产后直接通过网络进行销售，省去中间的线下销售环节，节约了中间成本使得顾客能够享受更低的产品价格，小米集团也因此坐上了高速发展的列车。

小米集团自创办以来，发展的速度令世界都惊讶。其背后的数据与市场对小米的估值完全不符，本案例基于小米财务报告的相关数据，揭开堪称传奇的小米商业帝国的神秘面纱。

小米 2012 年收入突破 10 亿美元，2014 年成为中国大陆市场出货量排名第一的智能手机公司，年销售额突破 100 亿美元；2015 年 MIUI 系统的月活跃用户超过 1 亿，2017 年，成为全球最大的消费级 IOT 平台，2018 年的手机出货量突破一亿台，小米的快速增长离不开它的主要业务。

表 4-15 2018 年小米的主营业务结构　　　　　　　　　单位：亿元

业务类型	第一季度	第二季度	第三季度	第四季度
互联网	33.13	39.58	47.29	40
IOT	77.17	103.78	108.05	149
手机	232	305.01	349.83	251
其他	2.45	3.97	3.30	3.70

数据来源：小米集团 2018 年年度报告

在智能手机业务方面，小米主要有小米和红米系列产品。2018 年小米财报显示：小米智能手机分部收入 1138 亿元，同比增长 41.3%；销量达到 1.187 亿部，同比增长 29.8%，小米手机平均售价（ASP）为 959 元，而手机营业收入的占比为 65%。

在 IOT 与生活消费产品中，小米硬件产品多达 1600 种，手机只占小部分，其余是智能电视、机顶盒、手环、电子秤、电饭锅、插线板、移动电源等，小米非手机硬件主打的还是性价比。2018 年，小米 IOT 的收入为 438 亿元，其中，全球智能电视出货量 840 万，同比增长 225.5%。

小米集团 2018 年互联网收入主要有两大来源，分别为国内互联网收入和海外互联网收入，其中海外的收入主要以电视盒子和智能电视的内容及广告为主；国内互联网收入将近 160 亿元，广告收入仍然占据了国内互联网收入的一大部分，比 2017 年同比增长 61.2%。

三、小米集团的经营战略

小米为了发展，前后经历了六次战略转型。

第一次是"流量分发，服务增值"，这项战略成功的标志事件是 2011 年 8 月 16 日小米手机发布会暨 MIUI 周年粉丝庆典，MIUI 用户突破 50 万。

第二次是"单品扩张"之路，在米聊等软件失败后被迫转型学习苹果走单品扩张之路，一年内陆续推出电视盒子、路由器、智能电视、平板电脑。其中标志性事件是 2013 年 7 月 31 日小米发布红米手机。

第三次是打造"生态链"，虽然公开鼓励"互联网+"，却在收缩战线，转而打造"生态链"，启动第三次战略转型。2014 年 11 月，雷军宣布"未来 5 年将投资 100 家智能硬件公司，小米模式是完全可以复制的"。

第四次是云服务和大数据，小米通过"生态链"系统连接一切可以连接的智能设备，接入点越多平台的价值就越高。小米汇聚大量终端数据，最终建成一个数据采集和服务中心。

第五次生态圈融合。2015 年小米巩固融合是移动互联生态圈、智能终端生态圈和小米互联网平台。MIUI 在小米设备上创建生态圈，作为一个入口整合其他应用软件，通过以小米官网为核心，与阿里巴巴、京东、苏宁等电商平台合作来拓宽渠道。鲜为人知的是，小米商城不知不觉间已成为中国第三大电商公司。

第六次是"米家"与"小米之家"双轮驱动模式。小米发布全新品牌"米家"，雷军宣称"小米要做的是科技界的无印良品"，核心内容就是小米生态链产品，以接近成本价销售，最终构建一个移动互联网平台靠增值服务赚钱。

小米的发展面临着挑战，首先，从市场上来看，经过了 4 年的快速增长，国内智能手机的销量增速开始逐渐放缓，市场逐渐饱和，为了寻求进一步的发展，小米不得不在海外市场上全面布局；其次，从销售渠道和营销方式上来看，小米手机的主要销售渠道是线上，这样的销售模式，不仅制约小米手机在一、二线存量市场上的销售，而且限制了其争夺三、四线城市以及广大乡镇、农村市场；最后，从产品结构上来看，随着居民收入水平的提高以及消费者对智能手机认识的深化，价格将不再是影响消费者购买手机的关键因素，小米的竞争优势逐渐丧失，高端市场缺乏布局，低端市场被围剿使得小米手机业务遭遇严重打击。面对这些挑战，小米选择了集中资源，补足自身短板，充分利用内部资源，做强手机业务，在手机业务逐步走出的困境时，拓宽智能家居生态链，增加新的利润增长点。2018 年小米在港股成功上市，上市后其股价的扑朔迷离更让股民捉摸不透。

四、小米集团的经营战略

（一）小米集团的亏损及其影响

小米集团 2017 年经营性净利润 38.12 亿，如果加上 63.71 亿的投资公允价值变动收益，税后净利润为 101.83 亿。但如果加上可转换可赎回优先股公允价值变动损失 540.72 亿，以上盈利瞬间就被逆转为巨额亏损 438.89 亿。故此，小米究竟算是一家盈利公司还是巨额亏损公司？

在小米集团的财报中，一笔是投资公允价值变动收益（利得），另一笔就是可转换可赎回优先股公允价值变动损失。前者是因为投资的公允价值升值所引起，后者是因为负债的公允价值升值所引起，这两笔利得或损失其实并不影响公司实际的经营业绩。

"金融负债"和"权益工具"的会计处理最显著的差异是：金融负债公允价值变动计入当期损益，显著影响当期利润表，权益工具则对利润表没有影响。根据上述分析，小米估值上涨时，优先股公允价值随之上涨，金融负债大幅增加，同时在利润表中，也确认了大额的公允价值变动损失，从而导致财报巨额亏损。从目前来看，这部分亏损并非实际现金流出导致，也不会摊薄股东的股份，不直接影响公司的实际业务运营，仅为目前适用准则下的会计处理导致。

从会计角度来说，如果把优先股看成"股"的话，那么其公允价值变动应当与公司盈亏无关，盈亏只是股东的损益。但由于它可赎回，所以"股"的性质就变成了"债"，作为"债"，其公允价值上升便会成为投资人赎回时的公司损失。但因为它可转换为"股"，所以它又不是纯粹意义上的"债"。如果优先股持有人选择转股而不是赎回，那么其公允价值变动便又不会影响到公司的损益，所以这类公允价值变动损失，或可描述为"或有损失"。

在严格会计意义上，应当如何表达这类利得或损失的确是个难题。因为无论是把这类损失放进权益还是损益，都只是形式上的技术处理，而非问题的本质有任何不同，最终都不影响公司对股东权益的表达，所以，看小米集团的财务报告，需要恰当理解报表背后所表达的真实含义。

面对伯克希尔·哈撒韦公司股东对美国新实施的公认会计原则（GAAP）的不满，在《巴菲特2018年给股东的信》中，巴菲特指出：公认会计原则（GAAP）这项规则很可能在未来严重扭曲伯克希尔的季度和年度净收益数字，并很可能会经常误导评论家和投资者。与巴菲特的困惑一样，小米也面临同样的困惑。从报表上来看，实业上的经营收入已超过千亿的公司，所创造的利润尚不足百亿，但一项资本利得或亏损，便在瞬间将其逆转，从而颠覆了对公司盈亏的认识，这表明实业的报表完全经不起资本的摧毁。

（二）小米集团的控制权

小米集团，一家于开曼群岛注册以不同投票权控制的公司。2018年5月3日第一次向香港联合交易所有限公司（以下简称香港联交所）递交了上市申请，于7月9日正式在港交所挂牌交易，成为港股首家采用不同投票权架构的公司。

小米的股本将分为A类股份和B类股份；除有限保留事项外，A类股份持有人每股可投10票，B类股份持有人每股可投1票；在其他方面A类股份及B类股份地位相同类股份，其他人拥有B类股份。雷军拥有的A类股份占总股份的20.51%，拥有B类股份占总股份的10.9%；林斌拥有的A类股份占总股份的11.46%，拥有的B类股份占总股份的1.87%。

"以小控大"的公司管制架构。通过不同投票权股权设置，公司创始股东通过持有小比例但代表较多投票权的股份便可有效控制公司，使公司创始人可以在不受新投资者压力的情况下专注公司创新发展，为股东谋取最大的价值增量。保障经营股东对公司的控制权。"同股不同权"的股权结构使得创始团队与核心管理拥有更多投票权，这就有效减少了恶意收购者通过大量购买A类股份以控制公司的可能性，避免公司成为恶意收购的对象。

（三）制造业公司还是互联网公司？

小米到底是互联网企业还是制造业企业？如果说小米是一家互联网公司，那么，它的参照对象就应当是以腾讯控股为代表的互联网公司，其市盈率在40倍到60倍之间，甚至更高；如果按硬件公司估值，以性价比领先的格力为例，格力目前的总市值 2760 亿元，市盈率只有 10 倍多；如果按高科技公司来算，以苹果为代表的高科技公司，2018 年，市值为大约 9370 亿美元，同样是 20 倍市盈率水平。

小米算不算一家互联网公司？小米自己定义是一家以手机、智能硬件和 IOT 平台为核心的互联网公司。根据小米 2019 年公布的年报，小米集团营业收入 1906 亿元，其销售成本 1649.41 亿，销售毛利 256.59 亿，销售毛利率为 13.46%，略高于上年 12.69% 的水平，相对保持稳定。

小米在过去四年，产品品质有较大程度的改善，市场竞争力有所增强，但产品不具备差异化的高科技含量，所以，它在目前还不是一家产品领先的高科技公司。

那小米集团的主业是什么呢？小米集团 2019 年销售收入总额 1906 亿。其中智能手机收入约人民币 1238 亿元，较去年同比增长 41.3%，小米智能手机出货量达 1.19 亿台，同比逆势增长 29.8%。互联网服务收入为 160 亿元人民币，同比增长 61.2%。其中广告收入 101 亿元，同比增长 79.9%。IOT 与生活消费品收入 438 亿元人民币，较去年同比增长 86.9%。小米董事会承诺：永远坚持硬件综合净利率不超过 5%，从而达成"感动人心、价格厚道"的使命和愿景。

在小米集团的销售收入构成中，智能手机业务收入占销售收入的 64%，IOT 及生活消费品收入占比为 25%，互联网业务占比 9%，其他业务占比 2%。因此，小米是一家以智能手机为主，兼营 IOT 与生活消费产品，以及提供相关互联网服务的公司。当然，如果把手机看成互联网的终端，那么小米是一家互联网公司好像也无可挑剔。

小米集团是一家以中国本土市场为主、正在国际市场上迅速崛起且"以手机、智能硬件和 IOT 平台"为核心的公司。在各产业不断升级、科技技术高速发展等大环境下，小米集团也是多业态融合的一种形态，对其行业属性的定位虽然仁者见仁智者见智，但这也标志着传统的制造业和互联网公司之间的明确界定已经变得模糊，变得相辅相成，逐渐融合发展。

五、结束语

随着电商和网购的发展，传统实体经济将会和互联网经济联系的越来越紧密，线上线下的销售渠道融合也将会成为趋势。相信伴随着更多的类似小米公司的竞争与发展，实体经济和互联网经济的融合将会越来越明显，而这也是我国制造业转型升级、走向多元化的体现。

传统制造业的低价、倾销、展销会的营销方式也需要和类似小米的新兴营销模式相融合。小米的"粉丝经济"营销模式，提高消费者的参与感，建立品牌与消费者之间稳固的联系，为自己的品牌吸引一大批忠实的"粉丝"，再通过线上抢号购买等"饥饿营销"方式，稳固自己的"粉丝"群体，这比通过价格战来赢得消费者青睐的方式要有效得多，成本也更低，持续时间也更长。

资料来源：

小米的资本运作非常成功［EB/OL］.新浪网，2018-05-10.

思考题：

1. 小米集团产生巨额亏损的原因是什么？
2. 小米集团为何要采用不同投票权架构上市，这样做有什么好处？
3. 小米集团把自己归类为互联网企业，但其主业又是手机生产商，那么小米究竟属于制造业还是互联网业？

参考文献：

海日．小米集团上市破发原因与对策研究［D］.天津：天津财经大学，2019.

第五章

会计职业道德

案例一 货币资金的财务谜底

摘要： 当前我国经济已经实现由高速增长阶段向高质量发展阶段的转型。产能过剩、库存积压、成本攀升使得新经济周期增速放缓，下行压力加大，在这种态势下创新型企业已然成为带动经济发展的主力军，康得新作为我国新型复合材料行业的领军者，一度被誉为"中国的3M"和"千亿白马股"，一直是绩优股的代表和创新型企业的典范，然而，2019年7月，康得新公司在账面上拥有122亿元资金的情况下却无法兑付即将到期的15亿元债券，足以引发对于企业现金管理的思考。本案例旨在阐述行业的领军者康得新是如何进行现金管理的，使学生对现金管理有更深刻的理解。

关键词： 现金协议 货币资金 资金管理

一、引言

2019年1月，康得新发布公告，康得新两笔合计15亿元的超短期融资券违约，但随后出现其在北京银行西单支行的账户上显示有122亿元资金的事件。面对市场的质疑之声，北京银行西单支行回复"可用余额为零"，122亿元存款不翼而飞，这一匪夷所思的场景，就这样出现了。

二、康得新发展历史回顾

康得新全名为康得新复合材料集团股份有限公司，于2001年成立，全名为康得新复合材料集团股份有限公司，并于 2010 年在深圳证券交易所成功上市，其中康得投资集团占到康得新股份的 53.16%，是康得新的第一大股东。目前，康德新的主营业务主要分为三大部分，第一部分是以光电材料和预涂材料为核心的新型材料业务；第二部分是以 3D、SR 和大屏触控的智能显示业务；第三部分是碳纤维业务。

要说康得新的发展历史还得从 1988 年开始，那时候还叫作康得投资集团有限公司（简称"康得集团"）。在 1999 年到 2010 年这十年的时间里，康得集团专注于研发产品，将公司的战略定位由原来的贸易型逐步转变为创新型公司，在这期间研制出了预涂膜产品、快装脚手架和高压变频器等产品，大大提高了公司在市场上的竞争力和公司的实力。终于在 2001 年，康得新公司正式成立。2004 年，康得新的第二条自主研发的预涂膜生产线正式建成投产；2007 年康得新的又一预涂膜生产基地正式开始建造，此生产基地在当时来看也算是亚洲最大了。随着公司的发展，康得新 2010 年正式在深圳证券交易所上市。

在康得新上市之后，公司的发展速度又上了一个台阶。在 2011 年康得新又建造了光学膜的生产线并正式投产；同年，康得新所属的康得集团向金融领域迈进了一步，成立了康得投资集团，参与一些金融业务，投资公司的成立也为康得新的发展提供了资金的保障。随着康得新的不断创新和发展，公司的业务范围涉及多个领域，其中最具有优势的业务就属预涂膜和光电膜这两大业务，光电膜业务甚至在全国都首屈一指，打破了以前欧美国家的垄断地位，不仅在研发技术和质量上不低于国际产品，并且原材料的价格还大大低于国外材料，这为康得新的发展提供了极大的优势。同时，康得新高分子材料、碳纤维和智能显示等业务在国内也是同类型企业中的佼佼者。2017 年，康得新荣获 A 股上市公司行业冠军，并入选福布斯榜第 47 名，在公司极盛时期，市值将近有千亿元。

三、康得新公司的资金管理

（一）康得新公司的资金状况

康得新高性能碳纤维项目的项目资金原定是由恒丰银行提供 100 亿元的贷款，但由于各方面原因，这 100 亿元的贷款项目暂时搁置了。在康得新急需项目资金的情况下，为了筹集资金，康得新不仅将手中的股票进行了质押，而且发行了短期债券，但是当时的金融环境并不好，康得新的股票在发行了债券后一路下跌，从 2017 年年底的每股 27 元降到了 2019 年的每股 4 元。在康得新处于低谷时，康得新盈利能力较强的子公司又被张家港政府接管，切断了康得新大量的资金来源，虽然张家港政府承诺提供 27 亿元帮助康得新渡过此次难关，但由于种种原因，这笔资金迟迟不能到位。与此同时，由于江苏省银行对贷款的限制，导致康得新的股票在二级市场上被大量抛出，这对康得新的处境来说无疑是雪上加霜。

在资金如此紧张的情况下，康得新发布公告，无法如期兑付 2019 年到期的 10 亿元短期借款，在此公告发布后，大家疑惑在北京银行有 122 亿元余额的康得新怎么会无法偿还这区区 10 亿元的借款。同时，北京银行又宣布康得新有 122 亿元的账户余额为 0。原来康得新与北京银行西单支行签订了《现金管理合作协议》，康得集团为了解决股票质押的爆仓危机，从康得新拿走了大量的资金。然而祸不单行，2019 年 1 月，一投资方准备向康得新注资 30 亿元，条件就是向康得新派驻管理人员，在康得新被新入驻人员控制后，也未收到这 30 亿元，并且投资方在取得康得新控制权后还放出消息试图打击康得新的股价，妄想以零成本控制康得新，同时将康得新的盈利业务进行售卖、破产，试图打垮康得新。康得新通过积极搜取证据并向证监会和公安局报警后，康得新又回到了原来的管理层手中，就在大家以为康得新摆脱困境可以重新发展的时候，康得新又迎来了新的困境。

（二）康得新公司的货币资金管理

康得新公司的存货占比较低，一般来说，制造业企业为了避免各种状况的发生会提前准备几个月的存货，并且随着公司经营规模和营业收入的上涨，存货的储存比例也会相应地增加，这也是很多大企业的现金流不够好的原因之一。

康得新近几年的存货与营业收入情况如图 5-1 所示，康得新作为制造业企业，营业收入一直在增长，存货却没有相应地增长，这种情况是比较反常的，如果营业收入不是因为经营活动和销售商品而增长，就需要进一步分析，而地深圳证券交易所在 2019 年 4 月要求康得新对银行账户上的 122 亿元是否真实存在进行说明。5 月，康得新回复银行账户上确实有 122 亿元，有银行流水可以证明。不久，北京银行公告称：康得新在该银行的账户余额为 0 元。经过深交所的调查，发现北京银行与康得投资集团签订了《现金管理合作协议》，协议中说，康得新的母公司也就是康得投资集团对各个子公司实行零余额管理，也就是说子公司账户上的钱都会被划转到母公司的账户里，康得新账上的 122 亿元

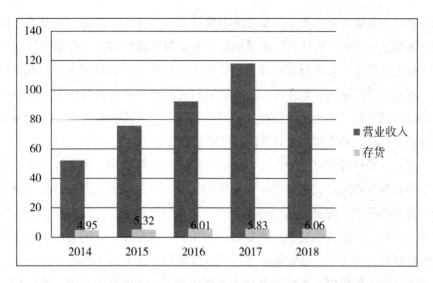

图 5-1 康得新存货与营业收入趋势

按照协议划转到母公司银行账户上后，康得新在北京银行账户的实际余额就是 0 元。也就是说对于康得新账面有 122 亿元现金，实际上这笔钱已经转到母公司的账户里了，康得新账面上实际上没有这么多余额，但是通过传统的审计流程很难发现。

康得新的股东常年质押持有股票，质押比例高达 99%，自康得新上市以来，股东质押持有股权的行为一直在发生，但因为公司发展较快，所以并没有因为质押股权对公司产生风险，但是随着账上 122 亿元资金消失的消息传出，公司的股票大跌。

由于康得新的销售模式比较复杂，所以业务往来的合同也是比较复杂的，而康得新和它的控股股东康得集团之间的合同更为复杂。当一项业务发生时，由康得集团来牵头签订一个总体的合同，其后集团内部有专门的人员与康得新进行对接，再分拆成各个小合同，最终的销售额也会相应地记入各个拆分的小合同上。这样就会造成当审计人员要查销售合同时，康得集团只会拿出总合同，这样就会产生资金流水与销售合同不相符的情况，所以如果康得集团不主动说明合同的复杂性，这就对康得新的货币资金管理提出了更大的挑战。

四、加强企业货币资金管理的策略

第一，对于企业来说，完善的货币资金管理制度是实现货币资金有效管理的保证，企业除了建立货币资金管理制度体系外，还需要对建立的制度予以重视，不要流于形式。会计人员遵章执行，主要领导做好监督。要求会计人员在资金业务处理中，必须遵守国家及单位制定的货币资金管理制度，明确岗位职责、涉及货币资金支付业务时，企业各部门之间建立有效监督机制保障货币资金的合理使用和安全额度。在对货币资金管理上除了用制度约束库存现金和银行存款的管理，还需要加强对其他货币资金的管理。

第二，做好货币资金预算可以保证货币资金有效使用，预算可以为企业经营事前控制提供保证，完善货币资金管理。首先，企业的预算由财务部门根据预测的经济环境，按照各部门的实际货币资金使用情况，进行分析预测，编制月度、季度、年度货币资金预测报告；其次，严格控制资金的支出，企业要想严格控制资金的支出，需要设立专门的监督部门，或者成立监督小组明确每位监督人员的工作职责，落实监督检查工作，对于企业的资金支出，做到事前防范、事中控制和事后监督，保证合理、科学、有效地使用资金，保证资金链的完整；最后，企业应该加强企业资金营运的风险控制，做好资金风险控制指标分析，掌握企业资金的流动，控制资金的风险。

五、结束语

货币资金管理是企业生存发展的关键，建立健全企业货币资金管理制度、提高企业财务管理人员的综合素质、加强企业货币资金内部监督是提高企业货币资金管理的重要措施。只有加强企业货币资金管理，才能提高企业的综合管理水平，最终达到提高企业经济效益的目的。对于企业来说，货币资金管理需要企业在经营管理过程中不断地进行改进、完善和自我监督。

资料来源：

康得新 4 年财务造假 120 亿［EB/OL］. 凤凰网，2019-07-08.

思考题：

1. 行业领军者企业康得新在现金管理方面存在什么问题？
2. 企业管理货币资金的手段有哪些？
3. 货币资金管理对企业有什么重要的意义？

参考文献：

[1] 莫晓雪. 康得新财务造假案例研究 [J]. 中国乡镇企业会计，2020 (10).

[2] 韦玮，洪范，朱大鹏. 上市公司财务造假、审计师职业怀疑与审计失败——以康得新为例 [J]. 财会研究，2020 (7).

[3] 徐志斌. 浅谈康得新巨额财务造假警示 [J]. 中国管理信息化，2020，23 (10).

[4] 宋夏云，陈丽慧，况玉书. 康得新财务造假案例分析 [J]. 财务管理研究，2019 (2).

案例二 由延安必康货币资金变动引发的思考

摘要：随着经济的飞速发展，会计诚信出现了诸多问题，给经济的健康稳定发展造成了很大的影响。例如英国的巴林事件爆出的会计丑闻，美国的安然事件的审计漏洞，中国的银广夏事件的会计造假等问题层出不穷，会计行业诚信水平的下降，对国家经济都会造成巨大的危害。因此，社会对于会计行业的诚信问题开始关注和重视，并且积极寻求解决的办法。在这样的背景下，本案例探讨了会计职业道德的概念，通过分析案例企业的财务状况，探寻其货币资金变动背后的原因与会计人员职业道德之间的关系。

关键词：职业道德 货币资金 诚信

一、引言

医药生物行业关乎人类的生命健康，医药生物行业规模大，也是国民经济最为重要的行业之一。医药生物行业不仅能够为人们的健康生活筑牢基础，也为促进经济的平稳发展、实现社会的不断进步做出巨大贡献，尤其自 2020 年以来，社会对于医药生物行业的关注度更加密切，该行业同时也向全世界交出了卓越的成绩单。但是近年来，医药企业依然存在不少问题，引发投资者、消费者的关注。这背后的原因与会计人员的职业道德和诚信意识有着密切联系，延安必康作为医药生物行业中的一员，表现如何呢？

二、延安必康概况

延安必康制药股份有限公司于 2002 年 12 月 30 日成立，2007 年由江苏海通化工有限责任公司整体变更设立。2016 年公司名称变更为"江苏必康制药股份有限公司"，2018 年公司名称再次更名为"延安必康制药股份有限公司"。

（一）公司经营范围

延安必康是一家主营中药材收购，药品的生产及自产品的销售，塑料制品的生产及自产品销售，化工设备、机械设备制造、安装等业务的公司。公司原为一家以医药中间体、农药中间体和新能源、新材料产品研发、加工和生产为一体的国家火炬计划重点高新技术企业。

（二）延安必康的"扩张之路"

2015 年，公司实施重大资产重组，发行股份购买陕西必康 100%股权，新增股份于 2015 年 12 月 31 日在深交所上市。

2016 年 10 月 11 日谷总与管理层商议：拟投资 50 亿元建设山阳必康国家中药材储备库暨大数据交易平台项目，建设期为 3 年。该项目立足大秦岭丰富的道地中药材资源，项目建成后预计中药材种植基地建设将达到 40 多万亩，每年可以收回并储存 60 万吨中药材，从源头上为下一环节的产品生产和销售提供保障。

2017 年延安必康多次召开关于并购事项的会议，公司原本的主营业务包括医药生产、医药商业、新能源、新材料以及药物中间体（医药中间体、农药中间体）五大类。延安必康在 2017 年收购 70%的百川医药股权，再收购河北润祥 70%的股权，还将收购南京兴邦持有的湖南鑫和 70%股权以及昆明东方进行增资获得其 51%股权，另外，收购江西康力 70%股权，还有青海新绿洲 70%股权，旨在进一步扩大医药商业版图。

2018 年 5 月 6 日，公司与东方日升签署了股权转让协议，拟向东方日升转让九九久科技 100%股权，转让价格原则上不低于 26 亿元。业务剥离在 2018 年已经完成，完成后公司不再受新能源业务的政策变动、供需变化等影响，而进一步专注于医药主业。

三、货币资金变动情况

表5-1中清晰地描述了延安必康的货币资金变动情况。截至2014年年末，延安必康货币资金期末余额仅2271.83万元，其他货币资金7200万元，为必康制药新沂有限公司向银行申请开具无条件、不可撤销的担保函所存入的保证金存款。

表5-1　延安必康2014—2018年货币资金期末余额　　　单位：万元

年份	货币资金
2014	2271.83
2015	110556.46
2016	509518.23
2017	205857.58
2018	135462.40

数据来源：延安必康2014—2018年度报告

延安必康在2015年年报中的表述：截至2015年12月31日其他货币资金为21961万元，其中21400万元为必康制药新沂有限公司向银行申请开具无条件、不可撤销的担保函所存入的保证金存款，还包括本公司在中国银行马塘支行开具的银行承兑汇票保证金420万元，另有131.53万元为本公司根据江苏省如东县人民政府颁发的《县政府关于印发〈如东县企业安全生产风险抵押金管理实施细则〉的通知》（东政发〔2007〕56号）所存储的安全生产风险抵押金，其余98000元系本公司工程保证金。期末公司货币资金比期初增加了71641万元，增幅为184.10%，主要系子公司陕西必康2015年12月发行公司债券8亿元，扣除发行费用实际到账7.92亿元增加货币资金所致。

2016年年报：期末货币资金比期初增加392951万元，增长337.11%。主要系公司销售收入增加导致回款增加、公司及子公司陕西必康非公开发行公司债券募集资金所致。另外，延安必康3043万元货币资金权利受限，其中143万元为必康股份的风险抵押金，2900万元为必康新沂的承兑保证金。

根据延安必康公司2017年年报信息：期末货币资金比期初减少303667万元，减少59.60%。主要系公司下属子公司陕西必康山阳基地建设项目支付工程款及必康新宗支付特许经营权费所支付的现金增加所致。另外，延安必康存在其他货币资金权利受限情况，受限总金额为 29090 万元，其中 1400 万元为必康制药新沂集团控股有限公司向招商银行申请长期借款所存入的保证金存款；另有陕西必康制药集团控股有限公司、必康制药新沂集团控股有限公司、江苏必康新阳医药有限公司、徐州嘉安健康产业有限公司、必康百川医药（河南）有限公司、必康润祥医药河北有限公司银行承兑汇票保证金存款分别为 4267 万元、2294 万元、698 万元、12945 万元、2154 万元、5329 万元。

2018 年年末，延安必康公司期末货币资金比期初减少 70395 万元，减少 34.20%，主要系本期偿还公司债券所致。延安必康的其他货币资金权利受限总额为 33838 万元，其中银行承兑汇票保证金存款 30528 万元，银行承兑汇票保证金存款利息 4.5 万元，长期借款保证金存款 1400 万元，定期存款 1860 万元，国际信用证保证金存款 13 万元，司法冻结存款 32 万元。

综上所述，延安必康 2015 年和 2016 年货币资金激增，尽管未直接体现于年报，但是其背后原因仍然可以在年报所披露的信息中发现蛛丝马迹。2015 年和 2016 年延安必康为了解决短期资金需求，向陕西必康申请资金调拨和拆借 7.94 亿元，2017 年又以预付工程款的方式向新沂远大转款 12.52 亿元，而后由新沂远大以提供借款形式，通过中间方最终转给关联方江苏北松健康产业有限公司，这就解释了 2017 年延安必康其他货币资金权利受限的原因。2015—2018 年，陕西必康向陕西天佑和陕西松嘉累计转出 43.4 亿元，其中 8.17 亿元用于陕西松嘉收购项目的支出，剔除向有关方支付的 10.95 亿元销售费用，剩余资金用于新沂必康的项目建设，一直未返还给上市公司。在这四年间，延安必康货币资金大幅变动的背后真相究竟是否如公司所披露？

四、延安必康财务情况

自 1997 年陕西必康成立，先后完成了对武汉五景药业、江苏康宝制药、陕西金维沙药业、宝鸡鑫中天制药、西安灵丹药业、西安交大药业集团、西安交大瑞鑫药业的投资并购，从而发展成为医药综合企业，2015 年年底借壳"九九久"上市，更名为"必康股份"，后再次更名为"延安必康"。在上市的 2015 年至 2020 年，延安必康总营业收入的增速分别为 12.04%、84.04%、44.15%、57.35%、10.43%。

（一）业务构成

目前，延安必康业务划分为四大块：医药工业板块、医药商业板块、新能源新材料板块和药物中间体板块。新能源新材料板块和药物中间体板块是借壳前上市公司"九九久"的业务,在延安必康的子公司"九九久科技"主体里经营,医药工业板块是重组进来的陕西必康的主营业务,医药商业板块是在2017年并购河南百川医药和河北润祥医药两家公司之后,新开拓的业务板块。2018年营业收入84.47亿元,收入主要来源于医药工业板块和医药商业板块,这两大医药相关板块合计占到83.54%。

(二)经营情况

2015年度,公司实现营业收入20亿元,与上年同期相比增长12.04%;营业利润6.9亿元,与上年同期相比增长16.85%;利润总额与上年同期相比增幅为17.46%,金额为6.9亿元;归属于母公司股东的净利润5.6亿元,与上年同期相比增长17.41%。

2016年度,受行业市场需求不旺以及环保因素制约等不利因素影响,公司药物中间体产品生产经营情况不佳,盈利能力下降,尤其是头孢菌素类抗生半合成中间体明显呈现颓势。公司实现营业收入37亿元,与上年同期相比增长84.04%;营业利润与上年同期相比增长62.90%;利润总额11亿元,与上年同期相比增长65.80%;归属于母公司股东的净利润9.6亿元,比上年同期增长68.74%。

2017年度,公司实现营业收入54亿元,扣除因润祥医药和百川医药而新增的营业收入18.73亿元,公司总营业收入增速为-6.15%,主要原因是六氟磷酸锂的价格下降,但比上年同期增长44.15%;营业利润10.84亿元,比上年同期下降3.14%;利润总额10.71亿元,与上年同期相比下降5.52%;归属于母公司股东的净利润与上年同期相比下降6.40%,本期为8.9亿元。2017年医药生产、医药商业、新能源、新材料、药物中间体板块营业收入分别为23.08亿元、18.73亿元、2.07亿元、2.27亿元、7.22亿元,分别占公司营业收入的42.99%、34.89%、3.86%、4.22%、13.46%。

2018年度,公司实现营业收入84亿元,比上年同期增长57.35%;营业利润6亿元,比上年同期下降43.73%;利润总额6亿元,比上年同期下降43.12%;归属于母公司股东的净利润4亿元,比上年同期下降54.72%;经营性现金流40亿元,比上年同期上升1031.86%。

2019年报告期内,公司实现营业收入93亿元,比上年同期增长10.43%;实现营业利润3.9亿元,比上年同期下降35.79%;实现利润总额4.8亿元,比上年同期下降 13.05%；实现归属于上市公司股东的净利润 4 亿元，比上年同期下降 1.01%。

（三）重大变化的费用

2015 年报告期内公司主要系公司实施重大重组中介机构费用增加所致，管理费用比上年同期增加 3166 万元，同比增长 34.11%。报告期内公司财务费用比上年同期增加 3069 万元，同比增长 3680.18%，主要系子公司陕西必康年末公开发行公司债券 8 亿元产生的债券利息，下属子公司必康新沂中长期银行借款、融资租赁售后回购业务增加及银行承兑汇票贴现增加所致。

2016 年报告期内销售费用增加 13053 万元，增长了 37.41%，主要系公司销售收入增加及企业合并本期报表所致。报告期内管理费用增加了 17497 万元，增长了 140.19%，主要系公司及下属子公司研发投入增加及企业合并本期报表所致。报告期内财务费用增加了 10910 万元，增长了 333.67%，主要系公司及下属子公司非公开发行公司债券利息增加及企业合并本期报表所致；2017 年财务费用 4.601 万元，比上年同期增加 -67.55%。主要系公司下属子公司陕西必康及必康新沂收到政府贴息补助，根据政府补助准则冲减了本年利息支出所致；2018 年财务费用 24247 万元，比上年同期 426.99% 主要系新增借款利率上升导致本期借款利息增加及部分在建工程停止利息资本化所致；2019 年财务费用 53216 万元，比上年同期增加 119.48%，由于公司对外融资增加，导致公司财务费用增加。

五、延安必康现状

（一）"疫情"带来的"转机"

2020 年 2 月，延安必康在未取得口罩生产资质、无口罩生产业务的情况下，决定抓紧时间改造医护级口罩和防护服生产线，提前做好上游原材料采购和运输等生产保障工作。延安必康在公布了与深圳图微安创科技开发有限公司攻克肺纤维化治疗战略合作的误导性信息后，导致延安必康股价于 2 月 5 日、6 日连续涨停，2 月 7 日最高涨幅 9.62%；在深圳证券交易所 2 月 7 日问询关注及公司补充披露相关内容后，上市公司股价 7 日涨幅 1.53%，2 月 10 日跌幅 9.98%、11 日跌幅 5.65%。2020 年 8 月 19 日，延安必康股价大跌 4.91%，每股由 7.39 元跌至 7.17 元；8 月 20 日，延安必康股价持续跌势，从每股 7.02 元跌至 6.71 元，跌幅超过 6%。上述问题反映公司会计基础工作不规范，会计人员职业道德观念淡薄，不能保证会计资料真实完整。

（二）危机依然存在

延安必康前身为九九久科技公司，2015 年重大资产重组后更名。主营业务涉及医药、药物中间体、新能源新材料。其"心荣"系列医药产品在心脑血管领域有一定知名度。2016 年至 2019 年，公司业绩持续下滑。2020 年前三季度，公司预计归母净利润在 1870 万元至 2430 万元，而去年同期的盈利额近 4.9 亿元。除此之外，报告期内公司并购的实控人所属企业北盟物流支撑 8200 万非经营性亏损。"巧合"的是，在完成这起以上市公司自有资金 14.82 亿元收购实控人企业的交易后，据公司公告，截至 2020 年 9 月 17 日，公司控股股东及其关联方通过现金方式全部归还了 44.97 亿元非经营性占用资金。

六、结束语

一个良好的经济环境需要社会各方共同努力营造。尤其是上市公司，其利益相关者众多，更需要会计人员的职业道德和诚信保驾护航。会计人员的职业道德和诚信是保障我国经济平稳发展的重要的环节，会计信息的真实性是会计行业平稳快速发展的基础。延安必康货币资金变动的背后原因与会计职业道德密切相关，如何在未来的资本市场中继续前行，也是延安必康亟待解决的难题。

资料来源：

［1］必康股份 2015 年年度财务报告［EB/OL］. 新浪网 . 2016-04-26.

［2］必康股份 2016 年年度财务报告［EB/OL］. 新浪网 . 2017-04-27.

思考题：

1. 延安必康货币资金变动的深层原因是什么？

2. 延安必康是否遵守了会计职业道德规范？

3. 上市公司应当如何完善会计职业道德？

参考文献：

赵晓琬 . 上市公司财务造假与防治措施——基于康美药业舞弊案例［J］. 现代企业，2020（6）.

案例三　遵守职业道德，方能持续发展

摘要：天下熙熙，皆为利来，天下攘攘，皆为利往。尤其是面对超高利益，被发现后又处罚较轻的情况，很多上市公司都会铤而走险，这就导致财务人员不遵守职业道德，财务造假案件频发。从国外的世界通信、山登公司到国内的蓝田股份、银广夏、康得新等，都是由于不遵守职业道德，最终导致企业消亡的案例。上市公司财务遵守职业道德，市场才会健康发展，企业才能持续发展。本案例以东方金钰公司为案例，探讨遵守职业道德与企业持续发展的关系。

关键词：职业道德　会计信息质量　可持续发展

一、引言

提到玉石和翡翠，大家往往联想到的都是光鲜亮丽的情景。精致美观的翡翠更是包含着人们对生活的一种积极的态度，但是 2021 年作为中国翡翠第一股的东方金钰成了首支退市股票。翡翠玉石经历了长久的岁月才得以形成，那么作为经营翡翠玉石的企业为何没能持续发展下去呢？这又与企业财务人员的职业道德有什么关联？

二、东方金钰股份有限公司简介

东方金钰股份有限公司是国内翡翠行业上市公司，股票简称为东方金钰，成立于 1993 年，主要从事宝石及珠宝饰品的加工、批发、销售，翡翠原材料的批发销售等。

2004 年，公司通过多次资产交换以及股权转让等方式，欲借壳多佳股份。

2006 年 8 月，通过两年左右的整理，"＊ST 多佳"正式变更名称为"东方金钰"上市，号称国内翡翠业首家上市公司，被人们称为"翡翠第一股"。

2010 年下半年，受到玉石价格暴涨刺激，东方金钰的股价水涨船高，从 2.53 元/股的低位冲高至 10.91 元/股，累计上涨 284%，被称为"疯狂的石头"。

2011 年开始，股价处于高位的东方金钰多次发布定增计划，少则八九亿元，多则几十亿元，但定增方案由于各种原因，最终宣告流产。

2014年开始，泽熙入局东方金钰十大流通股股东。彼时东方金钰季报显示，从2014年三季度开始，其前十大流通股股东中，泽熙1期以883万股位列第三位，而俗称"泽熙2期"的山东信托—联合证券价值联成三能1号持股525.2万股，为第四大流通股股东，泽熙4期也曾出现在前十之列，直到2015年三季度才退出。2015年6月中旬，东方金钰股价连续上涨，甚至疯狂地连拉四个涨停板。6月底，由于控股公司"兴龙实业"发布高送转方案，拟10股转增20股。此项提议一出，又促进股价进一步上涨。当年7月2日，股价更是达到了历史最高价。

2018年公司净利润为-17.2亿元，2019年公司净利润为-18.3亿元，2020年成为＊ST金钰，2021年开年成为第一支退市股票。

三、东方金钰股份有限公司近况

（一）业绩变脸

1. 2018年年度业绩预亏公告

2019年1月31日，东方金钰股份有限公司发布2018年年度业绩预亏公告。公告称经初步测算，预计2018年度实现归属于上市公司股东的净利润将出现亏损。初步预计实现的归属于上市公司股东的利润在-9亿元到-11亿元之间，变动区间在-489%~-575%。扣除非经常损益后的净利润占据预亏金额的变动区间在-80%~-90%。

公司公告业绩预亏的一个主要原因是，2018年多笔债务未能如期偿还导致公司经营方面受到影响；另一个主要原因是债务金额大，逾期利息多，导致利息费用巨大；由于种种原因，本年度计提了大量的资产减值损失，但是，本年度预亏并未经注册会计师审计。

2. 2018年度业绩预告更正公告

2019年4月23日，公司发布公告更正前期业绩预告。由于公司2019年3月收到法院关于的履行补足投资差额裁定书及执行书，预计产生6个亿的预计负债，对资产负债表日后事项及业绩预告进行更正。经财务部门测算，预计2018年度上市公司股东净利润将会出现亏损情况，预计实现的归属于上市公司股东的净利润在-16亿元到-17.5亿元之间。特对此发布公告。

3. 2019年年度业绩预亏公告

2020年1月22日，东方金钰股份有限公司发布2019年度业绩预亏公告。

公告称，经公司财务部门测算，预计 2019 年度上市公司股东净利润将会出现亏损，预计实现的归属于上市公司股东的净利润大概在-11.5 亿元至-14.5 亿元之间。预计扣除非经常损益后归属于上市公司股东的净利润在-11.27 亿元至-14.27 亿元之间。

初步梳理造成业绩亏损的原因，主要有主营业务不佳、其他非经常业务出现亏损。具体情况为：

其一，由于政策缩紧及公司 2018 年发生债务逾期等各方面影响，公司资金出现问题，导致部分债务无法按期偿还本息，公司部分银行账户被法院查封冻结。公司财务部门初步预计，2019 年东方金钰股份有限公司应计提应付债权人利息加罚息约为 10.1 亿元。

其二，深圳中睿泰信叁号投资合伙企业（有限合伙）与东方金钰系公司合同纠纷案件中，法院依法查封拍卖质押物，但由于出现流拍状况，导致质押物以拍卖保留价人民币 1.16 亿元抵偿给中睿泰信所有，以抵消本案部分债务。因拍卖价格出现严重偏低情况，导致东方金钰股份有限公司账面亏损 2.14 亿元。

其三，依据谨慎性原则，东方金钰股份有限公司依据市场行情及公司实际情况，预计翡翠等存货出现资产减值迹象，初步预计需计提资产减值损失 4.5 亿元。另外，东方金钰小额贷款公司发放的贷款客户抵押物品出现减值迹象，预计发生资产减值损失 1.5 亿元。两项资产减值损失具体计提金额以评估后结果为准。

其四，潍坊诚志企业管理合伙企业（有限合伙）与东方金钰珠宝实业有限公司、云南兴龙实业有限公司等仲裁执行一案，北京市中级人民法院裁定被执行人深圳市东方金钰珠宝实业有限公司名下位于深圳市龙岗区南湾街道国有出让建设用地使用权归申请执行人潍坊诚志企业管理合伙企业（有限合伙）所有，产生账面亏损约 0.30 亿元。

其五，东方金钰股份有限公司日常经营费用亏损，以及中睿泰信处置股票冲抵已计提预计负债而形成的营业外收入。

（二）2019 年年度报告节选

公司近三年主要会计数据显示，公司 2018 年、2019 年连续亏损，年度报告对业绩预告予以更正。

表 5-2　公司 2017—2019 年主要会计数据　　　　　　　　单位：元

主要会计数据	2019 年	2018 年	本期比上年同期增减（%）	2017 年
营业收入	54,062,717.92	2,960,978,595.37	-98.17	9,276,629,100.58
归属于上市公司股东的净利润	-1,827,420,764.70	-1,718,450,098.20	-6.34	231,185,999.85
归属于上市公司股东的扣除非经常损益的净利润	-1,634,289,464.29	-1,040,310,739.62	-57.10	127,431,082.45
经营活动产生的现金流量净额	-2,692,358.87	-146,911,163.64	98.17	-1,780,883,994.52
归属于上市公司股东的净资产	332,950,661.77	1,488,987,743.67	-77.64	3,207,437,841.88
总资产	10,628,140,893.40	11,476,207,348.35	-7.39	12,520,579,897.90
期末总股本	1,350,000,000.00	1,350,000,000.00	0.00	1,350,000,000.00

数据来源：东方金钰股份有限公司 2019 年年度报告整理

如表 5-2 中所示，报告期内营业收入较 2018 年下降 98.17%，原因主要是由于一系列事件导致公司各类账户冻结、查封，资金周转出现问题，经营业务出现严重下滑，收入骤减。2019 年度归属于上市公司股东的净利润和扣非后净利润分别下降 6.34% 和 57.10%，主要系营业收入大幅下降及借款逾期利率上升的影响所致。报告期内经营活动产生的现金流量净额较上年上升 102.45%，主要系本期应付未付款项的增加影响所致。报告期内归属上市公司股东的净资产下降 77.64%，主要系本年亏损的影响。

（三）2019 年审计报告

2020 年 6 月 22 日，大华会计师事务所（特殊普通合伙）出具了关于 2019

年东方金钰年报的审计报告，审计意见类型是无法表示意见。主要原因为：

1. 东方金钰股份有限公司 2019 年发生净亏损 18.32 亿元，已到期无法按期偿付的有息债务本息合计为 89.03 亿元，集中兑付金额巨大且已经发生多起债务违约。截至财务报表批准报出日，东方金钰股份有限公司的司法重整申请虽已由深圳市政府上报中国证券监督管理委员会，但尚无审批结论，无法取得与评估持续经营能力相关的充分、适当的审计证据，因此无法判断东方金钰股份有限公司在持续经营假设的基础上编制 2019 年财务报表是否合理。

2. 因债务危机导致东方金钰的多项诉讼、仲裁，因涉诉案件中的金额、违约金、诉讼费、保全费、公告费等费用的金额还未最终判定，亦未获得完整的诉讼资料，无法判断这些案件最终涉及的金额对财务报表的影响。

3. 2019 年度东方金钰股份有限公司六家子公司已停止生产经营，无经营管理人员，无法获取该部分子公司相关的审计资料，无法执行函证等审计程序。无法就上述事项对财务报表相关影响做出合理保证。

4. 2019 年年末东方金钰股份有限公司存货余额 84.65 亿元，其中 15.63 亿元被法院司法查封、15.36 亿元委托代销，无法执行盘点程序，仅获取了法院查封清单、受托方回函及以前年度的价值评估报告，且本年度部分抵押质押存货被债权人拍卖，无法获取相关拍卖资料，未取得 2019 年 12 月 31 日可收回金额的证据，因此无法判断存货在 2019 年 12 月 31 日的减值情况，并且无法就上述事项对财务报表相关影响做出合理判断。

5. 2019 年度东方金钰股份有限公司截至期末递延所得税资产余额 6.75 亿元，未获取充分适当的审计证据证明东方金钰股份有限公司未来期间很可能取得用以抵扣可抵扣暂时性差异的应纳税所得额，因此无法判断递延所得税资产计提的合理性。

6. 2020 年 4 月 28 日，公司收到中国证券监督管理委员会下发的《行政处罚及市场禁入事先告知书》（处罚字〔2020〕24 号），针对该事项，公司已申请并进行听证，截至报告出具日，中国证券监督管理委员会尚未下达最终处罚结论，尚无法评估该事项对前期数据及 2019 年度财务数据的影响。

（四）东方金钰股份有限公司股票"披星戴帽"

公司 2018 年度、2019 年度连续两个会计年度经审计的净利润均为负值，且公司 2019 年度财务会计报告被大华会计师事务所出具无法表示意见的审计报告，根据《上海证券交易所股票上市规则》第 13.2.1 条第一款、第四款的规定，东方金钰股份有限公司于 2020 年 6 月 23 日停牌 1 天，于 2020 年 6 月 24 日复牌并被实施退市风险警示，股票价格的日涨跌幅限制为 5%。至 2020 年 6 月 24 日，东方金钰股份有限公司股票名称变更为"＊ST 金钰"，从此"披星戴帽"，如无法按时达到摘帽条件很可能面临股票退市。

（五）终止东方金钰股份有限公司股票上市

2021 年 1 月 13 日东方金钰股份有限公司收到上海证券交易所《关于东方金钰股份有限公司股票终止上市的决定》，上海证券交易所决定终止东方金钰股份有限公司股票上市。

上交所决定，东方金钰股份有限公司股票自 2020 年 11 月 25 日至 2020 年 12 月 22 日，连续 20 个交易日的每日收盘价均低于股票面值（1 元）。触发股票退市，随即进入退市整理期。由于公司是在退市新规前触发，故执行退市整理期规定，公司股票进入退市整理期起始日为 2021 年 1 月 21 日，退市整理期为 30 个交易日。如不考虑其他因素（如全天停牌等），预计最后交易日为 2021 年 3 月 10 日，如遇到各种因素上交所出现交易日期调整，最后交易日随之调整。

四、退市的影响

（一）2021 年首支退市股票

2021 年 1 月 13 日公告后，"＊ST 金钰"成为退市第一股，曾经市值达 280 亿元，也将随之蒸发。资本市场从 2020 年开始清理问题上市公司，到"注册制"、退市新规的发布，都在传达一个信号，市场将会越来越规范。开年首退股出现后，让所有人再次将目光投向退市新规。退市新规在退市条件中进行了变化，主要变化为将财务造假退市的指标考察年限缩短，从 3 年减少为 2 年。财务造假金额合计数也进一步收紧，由 10 亿元降至 5 亿元，更是将造假比例从 100% 降至 50%，并且新增了营业收入造假指标，进一步从严收紧量化指标。随着退市新规的执行、监管力度的加大，上市公司的信息披露质量会进一步提升。

（二）6 万股民崩溃

2015 年 7 月，"＊ST 金钰"市值一度接近 280 亿元，如今市值仅剩下 11 亿多元。短短几年时间，公司股价最大跌幅达到 96%，市值蒸发超过 260 亿元。

而目前最受伤的莫过于"＊ST 金钰"的 5.76 万股民了，仅剩下 11 亿元市值也将灰飞烟灭了。有部分股民甚至在论坛上说，辛辛苦苦一辈子，结果投资遇退市，血汗钱所剩无几。

五、结束语

无论做人还是做企业都要诚信至上，遵守职业道德，方能持续发展。资本市场会越来越完善，凡是投机行为终会被清理出局。一家企业，如果想要可持续发展下去，不但要形成自己独特的企业文化，更要严格遵守职业道德。

资本市场是资源配置的平台，只有优胜劣汰、有进有出，才能推动价值投资，优化资源配置。注册制是放开市场的"入口"，将资源配置的决策权交还给市场。市场平台能否高效率运行、风清气正和奖优罚劣，还取决于能否打开"出口"，让劣质公司及时退市。退市制度改革是中国资本市场健康成长的关键抓手之一。在资本市场不断完善、法制不断健全的今天，只有认认真真做事、堂堂正正做人，遵纪守法、遵守职业道德的企业，才能实现可持续发展。

资料来源：

翡翠第一股玉石梦碎！东方金钰灰飞烟灭．［EB/OL］新浪网．2021-1-15

思考题：

1. 简述一下遵守职业道德与企业可持续发展的关系。
2. 如何引导上市公司财务人员遵守职业道德？

参考文献：

曹萌．最严退市制度落地［J］．法人，2021（1）．

案例四 广汇能源环境会计信息披露的今天和明天

摘要： 十八大以来，习近平总书记多次强调"绿水青山就是金山银山"的发展理念，提倡协同推进经济高质量发展与生态环境高水平保护。环境保护已成为当前我国经济发展亟待解决的重要课题。采矿类企业是我国重污染企业，提高采矿类企业环保意识意义重大，环境会计信息的披露是提高企业环保意识的重要抓手。我国矿产资源西多东少的分布特点，导致我国采矿类企业大多分布于西部地区，但西部地区自然环境恶劣，自愈能力较差，因此，在环保方面，西部地区将会面临更加严峻的挑战。新疆是我国西部最大的省份，广汇能源是新疆本土采矿类企业，横跨液化天然气、煤化工、煤炭三大业务板块，其环境会计信息披露的内容和质量不仅反映该企业的环保意识和环保投入，还体现企业的社会责任和会计职业道德。

关键词：环境会计　信息披露　社会责任

一、引言

新疆位于我国西北边陲，气候干旱，水资源匮乏，植被稀少，自然环境极其恶劣，生态功能异常脆弱，但其天然气、煤炭、石油、黄金等矿产资源丰富，是我国经济发展的资源库和大后方。采矿业是新疆经济发展的重要支柱产业，但矿产资源开发过程中会产生废渣、废气和废水，不可避免地对生态环境造成不可逆的后果。新疆生态环境脆弱，自愈能力差，一旦对自然资源过度开采与污染，不仅生态面临失衡的问题，而且经济也会遭受毁灭性的打击，直接威胁区域经济和社会可持续发展。因此，新疆本土采矿企业责任重大，披露环境会计信息已成为保护环境的社会责任。

二、广汇能源概况

（一）公司简介

广汇能源股份有限公司（简称"广汇能源"）是新疆规模较大的采矿类企业，始创于 1994 年，原名为新疆广汇实业股份有限公司，2000 年 5 月在上海证券交易所成功挂牌上市。2002 年开始进行产业结构调整，2012 年成功转型为专业化的能源开发上市公司，同年 6 月 5 日正式更名为广汇能源股份有限公司。自上市以来，广汇能源立足于新疆及中亚，面向全球，获取丰富的天然气、煤炭和石油资源，确立了以能源产业为经营中心、资源获取与转换为方向的产业发展格局。目前已形成以煤炭、LNG、醇醚、煤焦油、石油为核心产品，以能源物流为支撑的天然气液化、煤炭开采、煤化工转换、油气勘探开发四大业务板块，是国内唯一一家同时拥有煤、气、油三种资源的民营企业。

（二）主要产品

表5-3 广汇能源主要产品一览表

业务板块	主要产品	产品用途
液化天然气	LNG	广泛应用于城市燃气（调峰）、工业能源、汽车燃料、化工产品等多个领域
煤化工	LNG	广泛应用于城市燃气（调峰）、工业能源、汽车燃料、化工产品等多个领域
	甲醇	重要的基础化工原料，主要用于医药、涂料、农业等行业
	其他副产品	生产混酚、硫酸铵、液氨、粗粉等产品，可作为化工原料，广泛应用于化工领域
煤炭	长焰煤	主要用于发电、工业锅炉运作、冶炼金属，蒸汽机车用煤等

数据来源：广汇能源2020年公司年度报告

（三）组织架构

广汇能源组织架构主要包含四层，分别是股东大会、董事会、监事会、经营管理层，下设分管部门，在下设分管部门中，广汇能源设有安全生态环境部，全权负责公司的安全生产和环境治理与保护等工作，具体如图5-2所示。

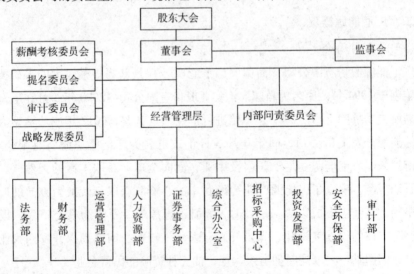

图5-2 广汇能源组织架构图

（四）主要对外权益投资情况

截至 2020 年 12 月 31 日，公司纳入合并报表范围的子公司共有 145 家，其中一级子公司 19 家，二级子公司 52 家，三级子公司 51 家，四级子公司 22 家，五级子公司 1 家，本文主要列举一级公司中持股比例 50% 以上的 16 家企业，具体情况如图 5-3 所示。

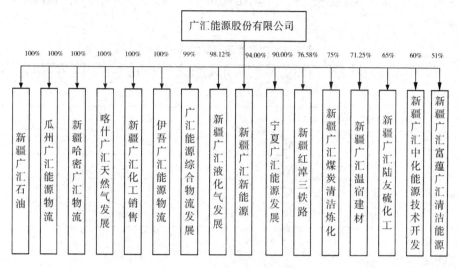

图 5-3　广汇能源组织架构图

三、广汇能源环境会计信息披露现状

为对广汇能源环境会计信息披露的实际状况有较为全面的了解，本文以新疆本土和疆外其他地区三家采矿类企业为样本，以年度报告、企业社会责任报告、配股说明书等为依托，从披露方式、披露内容角度对其信息披露情况进行分析，具体的采矿业上市公司见表 5-4。

表 5-4　采矿类上市公司一览表

公司名称	所在地
广汇能源	新疆乌鲁木齐市
山西焦煤	山西太原市
中煤能源	北京市
上海能源	上海市

资料来源：证监会公开信息

（一）广汇能源环境会计信息披露方式

根据 2018 年证监会修订《上市公司治理准则》的要求，上市公司需在年度报告、社会责任书、招股说明书、环境报告书中披露其环境信息等相关情况。由于山西焦煤、中煤能源、上海能源这三家均属于采矿类企业的上市公司，数据较为方便搜集和整理，本文以这三家企业为广汇能源的环境会计信息披露情况的比较对象，全面客观、横向纵向比较分析广汇能源环境会计信息披露效果。具体见表 5-5。

表 5-5　广汇能源披露方式一览表

披露方式年份		广汇能源	山西焦煤	中煤能源	上海能源
年度报告	2016	—	—	—	—
	2017	—	√	√	√
	2018	√	√	√	√
	2019	√	√	√	√
	2020	√	√	√	√
社会责任报告	2016		√	√	√
	2017		√	√	√
	2018	√	√	√	√
	2019	√	√	√	√
	2020	√	√	√	√
配股说明书	2016	—	—	—	—
	2017	—	—	—	—
	2018	√	—	—	—
	2019	—	—	—	—
	2020	—	—	—	—
环境报告书	2016	—	—	—	—
	2017	—	—	—	—
	2018	—	—	—	—
	2019	—	—	—	—
	2020	—	—	—	—

注：数据根据 2016—2020 年信息披露情况手工整理。其中"√"为有进行披露，"—"为未进行披露

由表 5-5 可知，2016 年，广汇能源未进行环境会计信息披露，山西焦煤、中煤能源、上海能源环境会计信息在年度报告、环境报告、配股说明书中并未披露，仅在社会责任报告中对环境会计信息进行定性披露，内容不够详细具体，大多是利好信息，且都以文字性描述为主。2017 年，山西焦煤、中煤能源、上海能源均在年度报告、社会责任报告中进行定性和定量披露，但未有配股说明书和环境报告书。广汇能源在年度报告中未披露，且未查询到 2017 年社会责任报告。2018 年至 2020 年，四家企业的环境会计信息均在年度报告和社会责任报告中进行定性和定量披露，但未查询到配股说明书和环境报告书。广汇能源由于在 2018 年配股，所以在配股说明书中也明确体现和披露。

广汇能源环境会计信息披露从无到有，从落后于疆外地区到追上疆外企业步伐。整体上看，我国企业的环境会计信息披露均有所提高和改善，但环境报告书和招股说明书很少有环境会计信息的报告，可见环境会计信息披露不容乐观，整体披露情况有待改进，企业应加强对环境会计信息披露的力度，确保环境会计信息公开、透明。

（二）广汇能源环境会计信息披露内容

根据生态环境部颁布的《上市公司环境信息披露指南》（征求意见稿）、证监会颁布的《上市公司年报和半年报的内容与格式》《公开发行证券的公司信息披露内容与格式准则第 2 号——年度报告的内容与格式》中的要求，属于环境保护部门公布的重点排污单位的公司或其重要子公司，应当根据法律、法规及部门规章的规定披露环境信息。为了对广汇能源的环境信息披露进行定性和定量分析，本文除广汇能源的相关数据，另选取山西焦煤、中煤能源、上海能源相关数据进行比较分析。具体见表 5-6。

表 5-6 广汇能源披露内容定性分析

项目		广汇能源	山西焦煤	中煤能源	上海能源
污染物达标 排放情况	2018	—	√	√	√
	2019	√	√	√	√
	2020	√	√	√	√
防治污染设施 的建设和运行 情况	2018	√	√	√	√
	2019	√	√	√	√
	2020	√	√	√	√

续表

项目		广汇能源	山西焦煤	中煤能源	上海能源
建设项目环境影响评价	2018	√		√	√
	2019	√	√	√	√
	2020	√	√	√	√
突发环境事件应急预案	2018	√		√	√
	2019	√	√	√	√
	2020	√	√	√	√
环境自行监测方案	2018	√		√	√
	2019	√	√	√	√
	2020	√	√	√	√

注：数据根据上海证券交易所网站2018—2020年广汇能源年报手工整理。其中"√"为有进行披露，"—"为未进行披露

从信息披露定性角度来看，广汇能源2018—2020年期间，2018年对污染物的达标排放情况披露不充分，仅披露核定标准，未披露排放总量。在防治污染设施的建设和运行情况、建设项目环境影响评价、突发环境事件应急预案、环境自行监测方案等方面均有披露，但披露不完整，三家子公司仅新疆广汇新能源进行逐项披露，其他两家子公司披露较为笼统，实质性内容较少，且浮于表面，未有具体数据支撑和说明。其他三家疆外企业均已就上述五项进行具体披露。

广汇能源下属共有三家子公司属于环境保护部门公布的重点排污单位，其中包括新疆广汇新能源有限公司、新疆广汇煤炭清洁炼化有限责任公司和新疆广汇陆友硫化工有限公司，由于三家子公司生产产品不同，排放的污染物也相应不同。本文根据广汇能源2018—2020年的年度报告、社会责任书和配股说明书所列内容进行归纳和整理相关排污数据，具体见表5-7。

表5-7　新疆广汇新能源有限公司2018—2020年排污统计表　　单位：吨

污染物名称	2020		2019		2018	
	排放总量	核定总量	排放总量	核定总量	排放总量	核定总量
锅炉烟气	1324.02	2288.96	1655.28	3219.4	—	3219.4

污染物名称	2020		2019		2018	
	排放总量	核定总量	排放总量	核定总量	排放总量	核定总量
硫回收尾气	18.89	296.64	—			
外排废水	19.15	—	32.91	114.57	—	—
一般固体物	585303		583350.73		—	

注：数据根据上海证券交易所网站2018—2020年广汇能源年报手工整理

表5-8　新疆广汇煤炭清洁炼化有限责任公司排污统计表　　单位：mg/m³

污染物名称	2020		2019		2018	
	排放总量	核定总量	排放总量	核定总量	排放总量	核定总量
颗粒物	4.5	30	12	18	—	3219.4
非甲烷总烃	14.6	80	2.4	34.56	—	
SO_2	20.25	35	294.56		—	
NOx	36.19	100	841.6		—	
COD	22.58	80		80		

注：数据根据上海证券交易所网站2018—2020年广汇能源年报手工整理

表5-9　新疆广汇陆友硫化工有限公司2018—2020年排污统计表　　单位：吨

污染物名称	2020		2019		2018	
	排放总量	核定总量	排放总量	核定总量	排放总量	核定总量
氨气	$0.67*10^{-3}$	—	$1.6113*10^{-5}$	—		$8.49*10^{-4}$
硫化氢	0.76	—	—			$1.16*10^{-3}$
甲硫醚	$0.16*10^{-3}$	—	—			$8.02*10^{-4}$
COD	—	7.38	—			7.38
氨氮	—	1.54	—			1.54

注：数据根据上海证券交易所网站2018—2020年广汇能源年报手工整理

表5-10　披露内容定量分析

项目名称	广汇能源	山西焦煤	中煤能源	上海能源
环卫费和绿化费	√	√	√	√

项目名称	广汇能源	山西焦煤	中煤能源	上海能源
排污费		√	—	
环保税	√	√	√	√
水资源税	—	√	√	—
环保专项补助	—	√	√	√
环境恢复治理保证金			√	—
可持续发展准备金	—		√	√

注：数据根据上海证券交易所网站2018—2020年广汇能源年报手工整理。其中"√"为有进行披露，"—"为未进行披露

从信息披露定量角度来看，新疆广汇新能源、新疆广汇煤炭清洁炼化、新疆广汇陆友硫化工三家子公司的环保情况说明主要集中在污染物名称、排放总量、排放浓度、核定总量和核定浓度上，这些指标基本均有具体数据，披露较为翔实，从表中数据可以看出2018年的环保情况说明中强调其不属于超标排放，但只有核定数据，没有企业本身的排放数据，2019—2020年列举污染物名称及其相应的排放量和核定标准或核定浓度，通过这两年的数据可以看出排污总量均在核定总量之下，排污浓度也在核定浓度范围内，均不属于超标排放。由此可以看出，广汇能源从2018年至2020年，环境会计的信息披露在不断地完善和翔实。

从以上数据可以看出，在7项中，广汇能源在2020年年度报告中仅披露2项，分别是环卫费和绿化费、环保税，其他5项未进行披露和说明。山西焦煤披露了5项，上海能源披露了4项，中煤能源披露了6项。由此可以看出，广汇能源在环境会计信息披露方面还和其他企业有一定的差距。对环保补贴、排污费未进行披露，环境恢复治理保障金、可持续发展准备金在专项储备中未体现出来，在其他会计科目中也未进行披露和说明，由此可见，广汇能源定量数据披露有待加强，应继续加大对其披露力度。

四、广汇能源会计信息披露机制综合分析

从环境会计信息披露的形式来看，广汇能源从2018年开始，在会计年度报告和社会责任报告书中均有体现，已经追上同行业企业的步伐，但未在官方网

站披露环境报告书。从环境会计信息披露的定性来看，广汇能源从 2019 年开始，在污染物达标排放情况、防治污染设施的建设和运行情况、建设项目环境影响评价、突发环境事件应急预案、环境自行监测方案这五个方面均有披露，已经能和疆外企业保持一致，但披露形式过于单一，大多是文字等非货币形式，货币形式的披露较少。从环境会计信息披露内容来看，广汇能源和同行业企业还有一定的差距。广汇能源实质性数据披露较少，支撑力度有待提高，广汇能源对于排污费、环保补贴、环境恢复治理保障金、可持续发展准备金等重要环境会计信息未在财务报告中披露和体现，这就导致不能完全看出其每年在环境治理方面的具体支出和未来可持续发展的具体准备，也不能看到政府对环境治理的支持力度，更无法横向和纵向对比分析，广汇能源在环境会计信息披露上还任重道远，仍需努力。

五、完善上市公司信息披露机制的策略

从披露形式上，建议制定环境报告书，增加图表等披露手段，提高环境会计信息的透明度。社会责任报告书和年度报告中虽然涉及环境会计信息的披露，但由于内容繁多，环境会计信息只是其中一小部分，披露较为简单粗略，文字描述和方针性内容较多，实质性内容较少，制定环境报告书可以细化和突出环境会计信息的重要性，提高环境会计信息的披露质量，较文字而言，图表等披露手段更为直接明了，方便环境会计信息使用者的查阅和分析。从披露内容上，建议提高环境会计信息货币披露方式的占比，明晰环境会计信息在会计核算中的体现。货币计量是会计四大假设之一，广汇能源在进行环境会计信息披露时应加大货币披露方式的占比。广汇能源的环保设备的投入和支出等要在财务报告中有明确的体现，建议专设明细科目，如环保设备投入、环保设备折旧、环保研发支出、排污费支出、绿化费支出、水资源税和环保税支出，环保恢复治理保障金和可持续发展准备金的提取、环保补贴等明细科目。

思考题：

1. 上市公司为什么要披露会计信息？

2. 广汇能源会计信息披露方式有哪些？

3. 上市公司如何建立完善的会计信息披露机制？

参考文献：

[1] 刘福民，高纪创，范开阳. 煤炭业上市公司环境会计信息披露研究 [J]. 会计之友，2019（7）.

[2] 钟流云. 江西矿业企业环境会计信息披露现状与优化措施 [J]. 绿色财会，2021（11）.

[3] 刘奕彤. 绿色会计信息披露问题研究——基于中石油的案例分析 [J]. 广西质量监督导报，2020（8）.

下 篇

02

| 案例使用说明 |

第一章

资产负债表报表项目核算

案例一 紧跟时代脚步的茅台酒业

一、教学目的与用途

（一）适用课程：《会计学》《成本会计学》和《管理会计》等课程。

（二）适用对象：本案例适用于应用型普通本科院校会计学及财务管理专业学生。

（三）教学目的：引导学生对经济生活中的实际问题积极思考，主动探索。本案例以贵州茅台集团"互联网+"优化存货管理为例，目的是使学生能够灵活运用自身所学理论知识，结合案例进行分析，将所学转为所用，并结合多门课程理论知识对案例进行深思，理解会计学专业各门课程的联系，学会灵活运用。具体目标如下。

1. 了解政策因素等宏观环境对贵州茅台制度制定的影响；

2. 理解存货管理的基本原理和原则；

3. 掌握"互联网+"如何提升企业存货管理水平。

（四）基本理论：存货管理方法。

二、分析思路

教师可以根据自己的教学目标灵活使用本案例，这里提出本案例的分析思路，仅供参考。

首先，介绍存货的含义，并举例说明不同行业的存货类型；

其次，介绍白酒行业的发展情况，以此引出白酒企业进行存货管理改革的动因；

最后，分析贵州茅台集团利用"互联网+"对存货管理制度进行的改革，分析其优势所在，为其他企业存货管理提供可借鉴之处。

三、理论依据与分析

本案例以存货的含义、特点和存货管理方法为基础，设计案例内容。

（一）存货的含义

存货指的是企业在日常活动中持有以备出售的产成品或商品、处在生产过程中的在产品、在生产过程或提供劳务过程中耗用的材料或物料等，包括各类材料、在产品、半成品、产成品或库存商品以及包装物、低值易耗品、委托加工物资等。

（二）存货的特点

1. 存货是有形资产，有别于无形资产；

2. 存货具有较强的流动性。在企业中，存货经常处于不断销售、耗用、购买或重置中，具有较快的变现能力和明显的流动性；

3. 存货具有时效性和发生潜在损失的可能性。在正常的经营活动下，存货能够规律地转换为货币资产或其他资产，但长期不能耗用的存货就有可能变为积压物资或降价销售，从而造成企业的损失。

（三）存货管理方法

存货管理就是对企业的存货进行管理，主要包含存货的信息管理和在此基础上的决策分析，最后进行有效控制，达到存货管理的最终目的提高经济效益。常见的存货管理的办法有拉式存货办法、计划办法和混合办法等。

1. 拉式存货办法

拉式存货办法是反应性存货系统通过在配送渠道内拉动产品，对渠道成员的存货需要做出反应。当可得的仓库储备水平下降到事先确认的最低限度之下或订货点时，该系统就会启动补给装运。尽管订货数量可以是当前储存水平函数的某种变量或事先确认最低限度水平，但通常可由某种订货批量公式来确认。

2. 计划办法

计划办法是按照需求量和产品可得性，主动排定产品在渠道内的运输和分配。

3. 混合办法

混合办法是用逻辑推理将前两种办法进行结合，形成对产品和市场环境做出反应的存货管理理念。一项综合的存货管理战略将详细说明各种政策，并用于确认何处安排存货、何时启动补给装运和分配多少存货等过程。

4. ABC 控制法

ABC 控制法是根据存货品种和占用资金的多少进行分类排队，分清重点和一般，从而确定相应的管理方式。此方法可以降低存货库存量，加速资金周转。

5. ERP 等先进的管理模式，实现存货资金信息化管理。

四、关键要点

准确分析贵州茅台集团存货管理的内容，以及其结合"互联网+"所做出的存货管理模式的改革。

五、建议的课堂计划

本案例可以作为案例讨论课来进行，也可以随课堂内容作为讲解案例，课堂授课时间 90 分钟，以下是课堂计划建议，供参考。

表 1-1 案例教学计划

序号	内容	教学活动	教学主体	时间分配
1	课前准备	学生自学存货相关的理论知识，对相关理论做知识点的梳理	教师、学生	30—60 分钟
2	课堂安排	讲解案例分析的步骤和注意事项	教师、学生	5—10 分钟
3	小组讨论	整体介绍案例公司背景、行业现状，为学生展开案例分析讨论提供思路	学生	20—25 分钟
4	班级讨论	重点讨论启发思考题，理解案例中的主要情景和知识点，形成汇报要点	学生	30—40 分钟

续表

序号	内容	教学活动	教学主体	时间分配
5	评价总结	每个小组 5 分钟汇报，教师做出点评	教师、学生	20—30 分钟
6	总结与答疑	教师对学生案例分析讨论中的知识点进行梳理与总结，并为学生答疑	教师、学生	5—10 分钟
7	课后作业	以小组为单位，形成案例分析报告	学生	40—60 分钟

案例二　高效管理货币资金——以格力电器集团为例

一、教学目的与用途

（一）适用课程：《会计学》《成本会计学》和《管理会计》等课程。

（二）适用对象：本案例适用于应用型普通本科院校会计学及财务管理专业学生。

（三）教学目的：为了引导学生对经济生活中的实际问题积极思考，主动探索货币资金管理的重要性，本案例以格力电器集团货币资金管理为例，目的是让学生在讨论案例时，能够帮助学生理解货币资金内涵、货币资金管理的目的和内容，引导学生关注热点新闻，进一步思考货币资金应该如何进行管理，关注我国企业实际经营过程中的具体问题。具体目标如下：

1. 了解货币资金的含义；

2. 理解货币资金持有的目的和重要性；

3. 掌握货币资金管理的方法；

4. 基本理论，货币资金管理。

二、分析思路

教师可以根据自己的教学目标来灵活使用本案例，这里提出本案例的分析思路，仅供参考。

第一，学生课前下载格力电器年报，将格力电器 2016—2020 年年报中资产负债表、利润表、现金流量表整理在一个 Excel 表中并打印。通过对格力电器重要财务数据进行分析，如货币资金、资产总计各年的变化，判断企业的货币资金持有水平。

第二，结合格力电器的企业战略和市场环境，引导学生分析格力电器货币资金的种类。

第三，通过分析格力电器资金运作模式，分析企业货币资金运作的特点。

第四，通过对整个案例的学习，综合分析并讨论企业应该如何加强对货币资金的管理。

三、理论依据与分析

（一）货币资金管理内容

1. 货币资金的种类

货币资金按照形态和用途的不同，可以分为库存现金、银行存款和其他货币资金。

库存现金是指企业持有可随时用于支付的现金限额，存放在企业财会部门由出纳人员经管的现金，包括人民币现金和外币现金，会计中反映为"库存现金"科目。

银行存款是指企业存入银行或其他金融机构的各种款项，会计中反映为"银行存款"科目。

其他货币资金是指以摊余成本计量的企业的银行汇票存款、银行本票存款、信用卡存款、信用证保证金存款、存出投资款、外埠存款等货币资金，会计中反映为"其他货币资金"科目。

2. 货币资金的日常管理

货币资金的日常管理是尽快收回应收款项，增加货币资金的流入量，同时，在合理的情况下，尽可能使用各种信用工具，延迟货币资金流出。

（1）货币资金收入管理

货币资金收入管理时需考虑如何减少客户付款票据的邮寄时间和停留在企业的时间，并加快货币资金存入企业银行账户的时间。

（2）货币资金支出管理

与货币资金收入管理加快收款速度相反，货币资金支出管理应当尽可能延迟货币资金的支出时间。一是运用货币资金的浮游量，货币资金的浮游量指企业账户上的货币资金余额与银行账户上所显示的企业存款余额之间的差额。充分利用货币资金浮游量等于使用了一笔无息贷款。货币资金浮游量取决于企业收到客户交来票据后加速收款的能力和企业开出票据后延迟付款的能力。二是利用商业信用，延迟付款。三是力争货币资金流出与货币资金流入同步。

3. 编制货币资金预算

企业应对一年的收支编制出货币资金预算，合理预测货币资金的收付时间，提高货币资金的利用效率。

编制货币资金预算包括以下三个步骤：第一步，预测企业各个月份货币资金的流入量；第二步，预测企业各个月份货币资金的流出量；第三步，对货币资金进行统筹安排，确定货币资金余缺，根据余缺确定投资或筹资方案。

4. 确定货币资金的最佳持有量

充分利用货币资金，降低货币资金成本，确定一个目标货币资金持有量。由于企业内部资料的获取不易，在分析案例时，采用现金周转模式确定企业的最佳现金持有量。现金周转模式根据现金周转期和现金需求总额来确定最佳现金持有量。

现金周转期=存货周转期+应收账款周转期-应付账款周转期

最佳现金余额=（年现金需求总额÷360）×现金周转期

在该模式下，有一定的前提条件：首先，必须根据往年的历史资料准确测算出现金周转次数，并且假定未来年度与历史年度周转基本一致；其次，未来年度的现金总需求根据产销计划进行准确预计。

（二）货币资金管理的目的

货币资金管理的目的就是在保证生产经营活动所需货币资金的同时，减少货币资金持有量，而将闲置的货币资金用于投资以获取一定的收益。要求既要满足货币资金的正常需求，又能充分利用闲置货币资金增加企业的收益。企业确定最佳货币持有量，保证货币资金的安全、收付合理与合法化。

（三）货币资金内部控制制度

企业建立的货币资金内部控制制度的具体内容因企业的规模大小和货币资金收支多少而有所不同，但一般包括以下五项主要内容：

1. 货币资金收支业务的全过程分工完成、各负其责。

2. 货币资金收支业务的会计处理程序制度化。

3. 货币资金收支业务与会计记账分开处理。

4. 货币资金收入与货币资金支出分开处理。

5. 内部稽核人员对货币资金实施制度化检查。

（四）货币资金的清查

货币资金的清查包括对库存现金、各种有价证券的清查和银行存款。

1. 库存现金的清查

对于库存现金的清查，一般采用实地盘点法，其程序是：

第一步，实地盘点，核对账簿；

第二步，登记"现金盘点报告表"。

2. 有价证券的清查

方法同现金的清查。

3. 银行存款的清查

一般采用对账单法，即将单位银行存款日记账的记录同银行送来的对账单逐笔进行核对，以确定双方银行存款账簿收入、付出及其余额记录是否正确的一种方法。其清查程序：

第一步，检查、核对账簿记录；

第二步，确认未达账项；

第三步，编制银行存款余额调节表，调整未达账项。

未达账项指由于企业与银行取得凭证的实际时间不同，导致记账时间不一致，而发生的一方已取得结算凭证且已登记入账，而另一方未取得结算凭证尚未入账的款项。未达账项主要是因为企业和银行收到结算凭证的时间不一致。比如，企业委托银行向外地某单位收款，银行收到对方支付款项的结算凭证后，就记账增加企业的银行存款，再将结算凭证传递给企业，企业在收到结算凭证后再记录增加自己账上的银行存款。在银行收到结算凭证至企业收到结算凭证期间，就形成了未达账项。

在本案例中，可以先学习有关货币资金管理的理论知识，结合格力电器案例背景，分析格力电器货币资金持有水平。利用货币资金最佳持有量公式预测企业的货币资金最佳持有量，分析格力电器是否应该通过银行贷款等方式增加货币资金储存量。根据货币资金清查管理相关规定，按时对企业货币资金进行清查，确保货币资金的完整性。根据货币资金、应收款和应付款会计处理规定，分析格力电器采用类金融资金运作模式获取高额货币资金的特点。然后从现金周转期、上下游资金占用情况分析格力电器采用类金融资金运作模式的结果。最后通过本案例反思企业如何对货币资金进行有效管理。

四、关键要点

（一）货币资金属于流动性最强且收益性不佳的资产，如何保证货币的收支平衡，使公司有足够的支付能力，避免发生财务危机？

（二）货币资金是企业的血液，企业的发展必须靠足够的资金来解决，在资金短缺情况下，企业如何筹集资金？

（三）重点分析格力电器货币资金持有水平及类金融运作模式的特点。

五、建议的课堂计划

本案例可以作为案例讨论课来进行，也可以随课堂内容作为讲解案例，课堂授课时间 90 分钟，以下是课堂计划的建议，供参考。

表 1-2　案例教学计划

序号	内容	教学活动	教学主体	时间分配
1	课前准备	学生自学货币资金的理论知识，并对货币资金理论的知识点进行梳理	教师、学生	30—40 分钟
2	案例分析方法解读	讲解案例分析的步骤和注意事项	教师、学生	3—5 分钟
3	案例介绍	整体介绍案例公司背景、现状，为学生展开案例分析讨论提供思路	教师	8—10 分钟
4	分小组讨论与总结	重点讨论启发思考题，理解案例中的主要情景和知识点，形成汇报要点	学生	10—15 分钟
5	小组汇报与教师点评	每个小组 5 分钟汇报，教师做出点评	教师、学生	30—40 分钟
6	总结与答疑	教师对学生案例分析讨论中的知识点进行梳理与总结，并为学生答疑	教师、学生	5—10 分钟

序号	内容	教学活动	教学主体	时间分配
7	课后作业	以小组为单位，形成案例分析报告	学生	40—60分钟

案例三　如何"数清"獐子岛的扇贝？

一、教学目的与用途

（一）适用课程：《会计学》《成本会计学》和《管理会计》等课程。

（二）适用对象：本案例适用于应用型普通本科院校会计学及财务管理专业学生。

（三）教学目的：本案例以獐子岛集团的扇贝"出逃"事件为切入点，目的是使学生能够灵活运用自身所学理论知识，分析獐子岛集团核销大量存货的原因，掌握生物资产的存货管理方法。通过案例讨论和分析，达到的教学目标如下：

1. 了解生物资产盘点过程中的主要难点；

2. 掌握存货管理的基本要点；

3. 理解生物资产管理的难点和关键点，探讨企业提升存货管理水平的策略。

二、分析思路

首先，通过存货的期末余额、存货期末余额含有借款费用资本化金额，引导学生分析财务报表，找出獐子岛集团核销大量存货的原因；

其次，结合案例企业的真实情况，分析企业对生物性资产实施存货盘点方法，引导学生综合分析存货确认和计量中可能存在的问题；

最后，结合獐子岛集团的企业战略和市场环境，引导学生分析存货种类和存货清查手段，并通过獐子岛集团的三次"扇贝出逃"事件，分析獐子岛集团运用的存货清查方法是否合理，就如何提高獐子岛集团的存货管理水平提出建议。

三、理论依据与分析

本案例以獐子岛集团三次扇贝"出逃"事件为主线，在生物资产和存货管理相关理论指导下，详细叙述并分析了每次扇贝"出逃"事件的具体过程，并提出了相关的案例思考题，引起读者共鸣。

（一）生物资产

《企业会计准则第5号——生物资产》将生物资产分为消耗性、生产性和公益性三种生物资产。獐子岛的扇贝、海螺、海参等都属于消耗性生物资产。通过掌握生物资产的确认、计量和后续计量，分析獐子岛的生物资产被核销的原因。

1. 生物资产的确认

生物资产的确认需满足下列条件：第一，企业因过去的交易或者事项而拥有或者控制该生物资产；第二与该生物资产有关的经济利益或服务潜能很可能流入企业；第三，该生物资产的成本能够可靠地计量。但是獐子岛的扇贝并不满足以上的确认条件，不仅将沙子与石子混进苗种，还播撒品质较差甚至已经死亡的种苗。

2. 生物资产的初始计量

外购的生物资产应当按照成本进行初始计量。外购的生物资产成本＝购买价款+相关税费+运输费+保险费+可直接归属于购买该资产的其他支出。獐子岛采用历史成本进行初始计量。

3. 生物资产的后续计量

有确凿证据表明生物资产的公允价值能够持续可靠取得的，应当对其采用公允价值计量。以上述方法进行计量时需要生物资产不仅有活跃的交易市场，还能够从交易市场上取得同类或类似生物资产的市场价格及其他相关信息，从而对生物资产的公允价值做出合理估计，但是獐子岛仍然采用历史成本进行后续计量。

案例介绍了獐子岛集团的相关背景，主要包括主营业务、主要产品和公司发展等，通过背景分析引出獐子岛集团存货异常的深层次原因。依据生物资产的初始确认和相关计量方法，从獐子岛集团财务报告出发，分析生物性资产的变动原因。同时，提出"在本案例中，獐子岛集团为什么进行大量核销"的思考题。

（二）存货管理

1. 理论依据

存货管理是对存货的信息管理，并在此基础上的决策分析，同时进行有效控制，以提高经济效益。面对生物资产的管理难度较高这一难题，獐子岛集团并没有采取适当的方式，内部员工偷扇贝、苗种质量差、扇贝收获少等成为扇贝"出逃"的主要原因。企业存货管理应当严格执行财务制度规定，使账、物、卡三相符；采用 ABC 控制法，降低存货库存量，加速资金周转；加强存货采购管理，合理运作采购资金，控制采购成本。

2. 案例分析

本案例以存货管理的相关理论阐述獐子岛集团事件背后的真正原因，同时，针对生物性资产盘点的重点和难点进行详细的介绍。

首先，獐子岛需要在每个年度终了对包括扇贝、海螺、海参等生物资产进行抽盘，并根据抽盘结果推测生物资产期末应有的结存数量；其次，根据以往年度獐子岛集团盘点报告及结果处理情况，确定生物资产盘点处理方法的适当性，是否符合企业会计准则的要求，将上一期计提的减值准备和本期的存货减值准备进行比较；再次，通过计算得出采捕期预计的养护成本、采捕成本、生物资产的市场价格、成活率、销售费用和运输费用等生物资产可变现净值中所用的关键假设和输入值；最后，协商盘点计划、选取样本及现场盘点，利用专家工作来协助测算实际数量、评估生物资产的成熟度和品质状况等。

依据以上内容，提出案例思考题：结合本案例，思考对于扇贝、海螺、海虾等消耗性生物资产，企业在管理过程中的重点是什么？

四、关键要点

（一）根据生物资产的特点，明确生物资产的存货盘点的要点，例如提高存货确认和计量的准确性。

（二）根据存货管理要点，探索獐子岛集团在存货管理方面亟待改善的内容。

五、建议的课堂计划

本案例可以作为案例讨论课来进行，也可以随课堂内容作为讲解案例，课堂授课时间 90 分钟，以下是建议的课堂计划，供参考。

表 1-3　案例教学计划

序号	内容	教学活动	教学主体	时间分配
1	课前准备	学生自学生物资产和存货监盘程序，对相关理论做知识点的梳理	教师、学生	30—40 分钟
2	案例分析方法解读	讲解案例分析的步骤和注意事项	教师、学生	3—5 分钟
3	案例介绍	整体介绍案例公司背景、现状，为学生展开案例分析讨论提供思路	教师	8—10 分钟
4	分小组讨论与总结	重点讨论启发思考题，理解案例中的主要情景和知识点，形成汇报要点	学生	10—15 分钟
5	小组汇报与教师点评	每个小组 5 分钟汇报，教师做出点评	教师、学生	30—40 分钟
6	总结与答疑	教师对学生案例分析讨论中的知识点进行梳理与总结，并为学生答疑	教师、学生	5—10 分钟
7	课后作业	以小组为单位，形成案例分析报告	学生	40—60 分钟

案例四　行之有效的库存管理

一、教学目的与用途

（一）适用课程：《会计学》《成本会计学》和《管理会计》等课程。

（二）适用对象：本案例适用于应用型普通本科院校会计学及财务管理专业学生。

（三）教学目的：为了引导学生对经济生活中的实际问题积极思考，主动进行探索，本案例以美的集团库存管理为例，目的是让学生在讨论案例时，引导学生关注热点新闻，思考我国企业如何进行库存管理。具体目标有以下 3 个：

1. 了解存货、存货成本和供应链相关的概念；

2. 理解库存种类的划分、库存管理的内涵；

3. 掌握库存管理的方法。

（四）基本理论：库存管理理论、供应商管理理论。

二、分析思路

教师可以根据自己的教学目标来灵活使用本案例，这里提出本案例的分析思路，仅供参考。

第一步，课前学生下载美的集团年报，将美的集团 2016—2020 年年报中资产负债表、利润表、现金流量表整理在一个 Excel 表中，将年报附注中的重要表格进行整理。通过对美的集团重要财务数据进行分析，如存货占流动资产和总资产比重的变化，判断企业存货量。

第二步，学习库存管理相关知识点，区分各类库存产品，计算各类存货占总库存的比值，分析企业主要的存货有哪些，并结合美的集团的企业战略和市场环境，引导学生分析美的集团主要存货增减变动的原因。

第三步，通过对美的集团和行业内其他同类公司存货周转天数的比较，分析美的集团的存货水平。

第四步，通过对美的集团库存管理模式与传统的存货管理模式、零库存存货管理模式和 MES 系统管理模式进行比较分析，总结美的集团库存管理模式的优劣势。

三、理论依据与分析

（一）库存的定义

财务管理体系中，库存不仅仅是成品存货，一切有价值的资产都叫作库存。狭义的库存，包括原材料、半成品、成品、包装物、低值易耗品等；广义的库存，包括机器、厂房、人、时间、产能等。做好存货管控，提升运营稳定程度，就要将这些内容全部纳入其中。在本案例分析中，对于美的集团的库存的界定是狭义的库存，主要指美的集团的原材料、半成品、成品、包装物、低值易耗品等。

（二）存货管理的定义

存货管理是指科学有效地对存货的信息进行管理，同时做好相应的决策分析，并通过科学有效的管控使得存货管理实现提高经济效益的最高目标，这主要是通过对企业在日常生产经营中销售及生产而存贮的物资进行科学管理来实现的。要想实现科学的存货管理水平，既要保证存货数量满足企业的正常生产经营活动，又要提高存货的周转速度，减少周转周期以及对资金的占用。对存货进行科学有效的管理，不仅可以使存货得到更合理的使用，还可以有效地提高企业的盈利能力。企业可以将存货管理的效果作为本企业评价内部控制水平的重要指标。

传统存货管理主要是为了解决企业订货时间和订货数量的问题，采用相关的存货管理模型来进行精准的计算，以此来加强自身存货管理的水平，减少不必要的费用支出。随着经济的发展，市场对存货管理提出了更高的要求，需要企业保持一个适当的库存数量，不仅能满足自身的生产要求以及客户的需求，而且要使得存货成本和效益之间形成一个最佳的平衡状态。现在的存货管理模式不再是单个企业做好自身的存货管理，而是关联企业间相互沟通协作形成一个拥有很强竞争力的链条，促使链条上的各个企业合理安排自己的存货，重视对存货的精细化管理。

从历史资料来看，美的的存货周转速度在不断提高，尤其是自 2008 年以来，存货管理效果显著。这说明其营运资金占用在存货上的金额减少，流动性增强，存货转换为现金、应收账款等的速度加快，企业销售效率和存货使用效率在提高。

（三）库存与供应链之间的关系

库存管理是供应链管理七大板块中的一个板块。除了库存管理，供应链管理还包括采购管理、计划管理、物流管理、进出口贸易、商务客服、数字化平台建设。库存的高低取决于企业的整体运营水平，尤其是供应链的管理水平。具体来说，就是企业供应链的集成度，供应链上各个职能间的协作效应，供应链对客户需求的响应能力，供应链上的"三个流"即信息流、物流、资金流的整体优化及协同水平，以及企业对供应链管理的重视程度，追本溯源，就是企业管理者对供应链的认知度。美的集团善于利用自身竞争力，能够很好发展企业在供应链中的重要关系，将供应链上各个职能间协作效应发挥到最大。

（四）美的集团库存管理模式

美的集团所采用的是供应商管理库存（Vendor Managed Inventory，简称 VMI）管理模式。这种库存管理策略打破了传统的各自为政的库存管理模式。体现了供应链的集成化管理思想，适应市场变化的要求，是一种新的、有代表性的库存管理思想。目前 VMI 在分销链中的作用十分重要，因此被越来越多的企业重视。

实施 VMI 有很多优点。首先，供应商拥有库存，对于零售商来说，可以省去多余的订货部门，使人工任务自动化，从过程中去除不必要的控制步骤，使库存成本更低，服务水平更高。其次，供应商拥有库存，供应商会对库存考虑更多，并尽可能进行更为有效的管理，通过协调对多个零售生产与配送，进一步降低总成本。另外，供应商能按照销售时点的数据，对需求做出预测，能更准确地确定订货批量，减少预测的不确定性，从而减少安全库存量，存储与供货成本更小，同时，供应商能更快响应用户需求，提高服务水平，使得用户的库存水平也降低。

案例中将美的集团库存管理模式和其他企业的库存管理模式相对比，教师可以引导学生查询目前上市公司中使用其他库存管理模式的公司，与美的集团进行对比，总结出各种库存管理模式的优缺点。

四、关键要点

（一）库存管理是企业管理重点关注的对象，应对现有库存进行分析，掌握重点存货，结合企业的战略以及其产品在市场中的表现综合分析企业的库存。

（二）重点梳理企业 VMI 库存管理模式，从中挖掘美的集团在整个供应链上的作用。

五、建议的课堂计划

本案例可以作为案例讨论课来进行，也可以随课堂内容作为讲解案例，课堂授课时间 90 分钟，以下是建议的课堂计划，供参考。

表 1-4　案例教学计划

序号	内容	教学活动	教学主体	时间分配
1	课前准备	学生自学存货的理论知识，并对库存管理的知识点进行梳理	教师、学生	30—40 分钟
2	案例分析方法解读	讲解案例分析的步骤和注意事项	教师、学生	3—5 分钟
3	案例介绍	整体介绍案例公司背景、现状，为学生展开案例分析讨论提供思路	教师	8—10 分钟
4	分小组讨论与总结	重点讨论启发思考题，理解案例中的主要情景和知识点，形成汇报要点	学生	10—15 分钟
5	小组汇报与教师点评	每个小组 5 分钟汇报，教师作出评价	教师、学生	30—40 分钟
6	总结与答疑	教师对学生案例分析讨论中的知识点进行梳理与总结，并为学生答疑	教师、学生	5—10 分钟
7	课后作业	以小组为单位，形成案例分析报告	学生	40—60 分钟

第二章

利润表报表项目核算

案例一　碧桂园提前采用新收入准则究竟有何好处?

一、教学目的与用途

（一）适用课程：《会计学》《成本会计学》和《管理会计》等课程。

（二）适用对象：本案例适用于应用型普通本科院校会计学及财务管理专业学生。

（三）教学目的：引导学生对经济生活中的实际问题积极思考，主动探索。本案例以碧桂园提前采用新收入准则为切入点，目的是使学生能够灵活运用自身所学理论知识，结合案例进行分析，将所学转为所用，并结合理论知识对案例进行深思，明白 CAS14〔2006〕号准则与 CAS14〔2017〕号准则对企业所带来的不同影响，深入理解新收入准则，以期能掌握收入确认的关键点。

具体目标如下：

1. 了解收入准则发生更新变化的原因；

2. 理解 CAS14〔2017〕号准则与 CAS14〔2006〕号准则之间关于收入处理的差异；

3. 掌握 CAS14〔2017〕号准则收入处理的原则和方法。

（四）基本理论：收入确认准则与资产负债观。

二、分析思路

首先，从碧桂园提前采用新收入准则以后财务数据的变化入手，进一步分析其在采用新收入准则前后的财务报表；其次，通过对部分报表数据的分析，探析新收入准则对房地产企业收入确认方面所带来的影响；再次，探析 CAS14〔2006〕号准则与 CAS14〔2017〕号准则在收入确认方面关键时间的不同；最后，通过对整个案例的分析梳理总结采用新收入准则会对房地产企业带来的冲击。

三、理论依据与分析

本案例基于 CAS14〔2006〕号准则与 CAS14〔2017〕号准则收入确认关键点、从资产负债观对企业采用新收入准则的影响进行探析、设计案例内容。

（一）资产负债观

从资产负债观来看待企业所发生的所有业务，除了投资者对企业进行投资以及分配利润这两种情况以外，其他能够导致企业资产增加的业务均会导致企业的收益有所变动。那么反过来可以将资产负债观总结为：只要企业发生的业务能够导致企业的收入发生变化，那么必定会导致资产负债表发生变动。因此在对企业的业务活动进行分析时，如果企业产生收益，不仅要对利润表的变化进行分析，还应当关注企业资产负债表的变化，这样才能全面地考虑到一项业务对企业财务状况以及经营成果产生的影响。

结合碧桂园提前采用 CAS14〔2017〕号准则来看，这一举动直接涉及利润表中收入的变化，部分收入由于采用了新的收入准则达到了提前确认的目的，但是这时我们在分析碧桂园提前采用收入准则对企业财务状况产生的影响时，不能仅仅只关注利润表，还应当遵循资产负债观，对碧桂园的资产负债表进行分析。

（二）CAS14〔2017〕准则收入确认关键点

1. 判断某项业务是否符合"在一段时间确认收入"的标准：其一，客户能够对合同商品取得控制权；其二，企业在履约过程中所生产的产品除了满足顾客所需，并不能用作其他用途，并且企业有权对履约至今已完成的履约部分收取款项；其三，企业在履约过程中消耗了自身的经济利益。碧桂园收入的90%以上为房产开发项目所贡献，如何确认房产开发项目的收入将是碧桂园的重要工作，而房产开发及销售活动的情况比较复杂，涉及全款销售、预售等情况，所以在进行判断时也要格外注意，根据不同情况选择不同的确认方法。

2. 判断是否享有收款权的依据：企业是否有权对已发生的项目就已发生部

分进行收款，这取决于所签订的合同具体条款。因此碧桂园也应当结合具体项目合同条款进行判断。

3. 履约进度的判断：应当结合企业预算以及已投入或者实际支出的部分进行测算，根据所占比率确定合同的履约情况。碧桂园对自身的房产开发项目进行全过程参与，因此在判断履约进度时会较为方便。

4. 根据第三步所估算的履约进度，企业在确认收入的同时也要对应结转成本。

5. 新收入准则收入确认五步法：

第一步，识别与客户订立的合同；

第二步，识别合同中的单项履约义务；

第三步，定交易价格；

第四步，交易价格分摊至各单项履约义务；

第五步，履行各单项履约义务时确认收入。

新收入准则五步法第一步、第二步和第五步主要与收入的确认有关，第三步和第四步主要与收入的计量有关。

（三）CAS14〔2006〕号准则收入确认关键点

1. 对收入的定义：并未将代销商品所收取的款项作为收入核算的范围，除此之外，符合收入定义的销售商品、提供劳务、让渡资产使用权所收取的款项均可作为收入进行核算。

2. 同时满足以下五项条件时才能对收入进行确认：（1）判断商品的主要风险和报酬是否已转移给客户；（2）判断是否商品的管理权以及控制权已经转移给客户；（3）收入的金额能够准确核算；（4）该项交易或活动产生的经济利益有50%以上的可能性会流入企业；（5）取得该项收入所对应的成本（包括已发生以及未发生部分）也能准确计量。

3. 对于提供劳务所产生的收入及成本应当采用完工百分比法进行确认。

四、关键要点

（一）合同资产、合同负债与应收账款、预收账款之间的区别与联系。

（二）新收入准则收入确认的步骤。

五、建议的课堂计划

本案例可以作为案例讨论课来进行，也可以随课堂内容作为讲解案例，课堂授课时间 90 分钟，以下是建议的课堂计划，供参考。

表 2-1 案例教学计划

序号	内容	教学活动	教学主体	时间分配
1	课前准备	课前将案例资料发给学生，要求学生阅读相关文献，以及补充资料	教师、学生	30—60 分钟
2	课堂安排	简单介绍碧桂园提前采用新收入准则以后市场上的反映与讨论，引入案例，并对房地产行业的背景现状进行分析介绍	教师、学生	5—10 分钟
3	小组讨论	引导同学们思考"碧桂园提前采用新收入准则以后财务数据的主要变化"以此展开对碧桂园的财务报表部分数据的分析，并讨论课后思考题	学生	20—25 分钟
4	班级讨论	由小组代表发言，教师组织全班讨论	学生	30—40 分钟
5	评价总结	引导学生从碧桂园提前采用新收入准则的动机开始梳理，进一步得出采用新老收入准则对房地产企业带来的影响，以及新老收入准则在收入确认关键点的选择上有何不同	教师、学生	20—30 分钟
6	总结与答疑	总结案例要点，回答学生问题	教师、学生	5—10 分钟
7	课后计划	采用报告形式给出更加具体的分析	学生	40—60 分钟

案例二　红星美凯龙"轻资产，重运营"战略转型

一、教学目的与用途

（一）适用课程：《会计学》《成本会计学》和《管理会计》等课程。

（二）适用对象：本案例适用于应用型普通本科院校会计学及财务管理专业学生。

（三）教学目的：国内外关于"轻资产"商业模式的研究成果，已经形成理论结构体系。本案例通过理论研究和现实例子的学习，进一步明确了"轻""重"资产模式不同的盈利特点和发展趋势。针对红星美凯龙轻、重资产模式做出优劣分析，使得学生能清楚地认识到红星美凯龙选择轻资产模式的可行性和必要性。且本案例选用的是真实案例，贴近社会，贴近学生所学的《会计学》课程内容。通过本案例的学习，可以达到以下目标：

1. 了解红星美凯龙集团的基本情况；

2. 掌握轻资产模式和重资产模式的概念以及优缺点；

3. 培养学生的实践能力，扩展知识面，锻炼分析问题、交流沟通能力和合作意识。

（四）基本理论：战略管理理论。

二、分析思路

首先，根据案例资料及家居行业相关资讯的查询，分析案例企业在当前面临的外部市场环境及内部发展经营面临的困难，让学生对案例企业的基本情况有所了解。其次，案例分析类课程教师应强化本科层面学生对企业实际的财务状况与发展战略之间的联系。最后，教师要引导学生多层次、多角度地分析案例企业财务指标等关键信息，深刻认识到案例企业长期以来引以为傲的发展模式已经遭遇瓶颈，制约了企业继续发展，应适时调整战略，将重心转移到轻资产战略模式中。

三、理论依据

（一）"重资产"战略

企业运营主要靠固定资产增值，产品生产销售的模式其特点是资产折旧率高，流动资产较少，企业硬实力强，资产负债率高等。"重资产"企业拥有大量可抵押固定资产，融资渠道多，采用高杠杆经营模式。"重资产"模式注重拥有资源，主要盈利模式是靠资源的升值，不断地扩大再生产，获得规模优势。

案例公司红星美凯龙不断扩大自营商场的规模，依托其资源不断扩大再生产，规模优势明显，能有效抵御外部风险，但是在其运营过程中也出现了资产负债率过高、期间费用率过高等问题。

（二）"轻资产"战略

依托品牌、客户关系、人力资源等无形资产占用资金较少、轻便灵活，所以此类资产被称为"轻资产"。靠无形资产盈利的企业可视为"轻资产"企业，主要集中在连锁、互联网相关和文化传媒等领域。"轻资产"企业的盈利主要靠技术、设计、策划、创意、品牌等以智力资本、知识资本及管理为核心的价值创造系统。"轻资产"战略就是一种"低"财务投入、"小"资产规模、"轻"资产形态、"重"知识运用、"高"投资效益的企业商业模式，可以理解为是在资源有限的条件下，以杠杆原理充分整合外界资源，以最低的投入实现价值最大化的战略管理。

虽然"轻资产"战略在当今的经济大环境里备受追捧，但是轻资产模式和重资产模式各有其优缺点，不是说轻资产战略模式完全没有任何缺点，有些企业即使采用轻资产战略模式却仍然走向了消亡，但在本案例中，红星美凯向轻资产战略转型却十分有必要。

四、关键要点

（一）当前经济环境下实施"轻资产"战略的优势：企业在资源有限的条件下，能充分整合外部资源实现价值最大化，同时这种模式也迎合了合作方持续盈利的愿望。

（二）"重资产"战略下集团的经营表现：期间费用非常高，远超行业平均水平；缺乏行业竞争优势，其资产负债率居高不下，盈利质量并不高，巨额应收账款无法收回。

五、建议的课堂计划

本案例可以作为案例讨论课来进行，也可以随课堂内容作为讲解案例，课堂授课时间 90 分钟，以下是建议的课堂计划，供参考。

表 2-2　案例教学计划

序号	内容	教学活动	教学主体	时间分配
1	课前准备	学生自学轻资产、重资产的理论知识学习，对该理论做知识点的梳理	学生	30—40 分钟
2	案例分析方法解读	讲解案例分析的步骤和注意事项	教师、学生	3—5 分钟
3	案例介绍	整体介绍案例公司背景、现状，为学生展开案例分析讨论提供思路	教师	8—10 分钟
4	分小组讨论与总结	重点讨论启发思考题，理解案例中的主要情景和知识点，形成汇报要点	学生	10—15 分钟
5	小组汇报与教师点评	每个小组 5 分钟汇报，教师做出点评	教师、学生	30—40 分钟
6	总结与答疑	教师对学生案例分析讨论中的知识点进行梳理与总结，并为学生答疑	教师、学生	5—10 分钟
7	课后作业	以小组为单位，形成案例分析报告	学生	40—60 分钟

案例三　医改背景下对北大医药盈利能力的影响

一、教学目的与用途

（一）适用课程：《会计学》《成本会计学》和《管理会计》等课程。

（二）适用对象：本案例适用于应用型普通本科院校会计学及财务管理专业学生。

（三）教学目的：企业的盈利能力体现了经营业绩的好坏，也体现了公司的各种综合能力，比如，市场营销能力，风险控制能力以及减少成本耗费能力等。因此盈利能力分析有利于及时发现企业在生产经营过程中出现的问题，提出改进措施。本案例教学目标有以下三个：

1. 了解我国医疗改革的具体内容，为案例公司盈利能力分析做铺垫；

2. 熟练掌握盈利分析方法；

3. 通过本案例的学习，可以使学生理论联系实际，加深对理论的理解，扩展知识面，锻炼分析问题、沟通能力和合作意识。

（四）基本理论：公司盈利能力分析指标体系的构建理论。

二、分析思路

首先，教师应启发学生总结北大医药盈利能力出现的问题。如北大医药盈利质量不高并且在"医改"背景下，它的盈利水平呈现下降的趋势。其次，教师应要求学生对北大医药的基本情况以及我国医疗改革的行业背景有所了解。再次，教师应要求学生对财务报表分析的专业知识熟练掌握，要会运用所学知识分析北大医药的盈利能力。最后，教师要指导学生分析"医改"背景下对我国医药行业以及北大医药产生的影响，深刻认识医改对医药制造行业是利还是弊。

三、理论依据

（一）财务指标分析法

财务指标分析法是指对总结和评价企业财务状况与经营成果的各类指标进行深入分析，主要从营运能力、盈利能力、偿债能力和发展能力四个方面的指标进行具体财务数据分析，是对企业财务绩效分析的一种常用方法。

本案例中为了评价医疗改革背景下北大医药盈利能力的分析，采用财务指标分析法，通过具体数据的分析来探究"医改"背景下北大医药股份有限公司的盈利水平。

从财务报表中可以分析一家企业的偿债能力、销售能力、获利能力等。本案例着重分析盈利能力，它是指一个企业支配其自身资源进行经营管理，创造经济价值获得利润的能力。在分析企业的盈利状况时，主要是通过企业的财务数据来分析。比如，资产负债表（反映固定时期企业拥有的资源总量）、利润表（反映经营成果）、现金流量表（反映企业现金流入和流出信息）、所有者权益变动表（反映所有者权益总量增减变化）和附注，但要尤其关注其中的利润表和资产负债表。

（二）公司盈利能力分析指标体系的构建理论

我国学者把上市公司的盈利能力评价体系做了研究，他们把每股收益、销售净利率、总资产收益率和净资产收益率作为盈利能力分析的基本指标。一级修正指标包括扣除非经常性损益的总资产现金回收率、销售毛利率、净资产收益率、每股收益、营运指数；二级修正指标包括净资产现金回收率、应收账款增加额/主营业务收入、非经常性损益结构比、经营现金净流量/经营现金流入、每股经营现金净流量。通过这些指标来对上市公司的盈利能力进行分析。

本案例为了分析北大医药的盈利能力，分析了相关指标。比如，营业净利率、营业毛利率、营业利润率、固定资产收益率、流动资产利润率等，并从行业背景和自身状况挖掘导致北大医药盈利能力下降的原因。

四、关键要点

（一）分析盈利能力所采用的指标：本案例中分析了获利能力指标、资产的盈利能力指标、成本控制指标。

（二）"医改"的内容及影响："医改"主要从五个方面进行改革。"医改"对我国制药行业的整体影响分为两方面。总体来说，"医改"对我国制药行业的正面影响大于其产生的负面影响。

五、建议的课堂计划

本案例可以作为案例讨论课来进行，也可以随课堂内容作为讲解案例，课堂授课时间 90 分钟，以下是建议的课堂计划，供参考。

表 2-3 案例教学计划

序号	内容	教学活动	教学主体	时间分配
1	课前准备	学生自学财务指标分析的知识学习，对四大财务报表做知识点的梳理	学生	30—40 分钟
2	案例分析方法解读	讲解案例分析的步骤和注意事项	教师、学生	3—5 分钟
3	案例介绍	整体介绍案例公司背景、现状，为学生展开案例分析讨论提供思路	教师	8—10 分钟
4	分小组讨论与总结	重点讨论启发思考题，理解案例中的主要情景和知识点，形成汇报要点	学生	10—15 分钟
5	小组汇报与教师点评	每个小组 5 分钟汇报，教师做出点评	教师、学生	30—40 分钟
6	总结与答疑	教师对学生案例分析讨论中的知识点进行梳理与总结，并为学生答疑	教师、学生	5—10 分钟
7	课后作业	以小组为单位，形成案例分析报告	学生	40—60 分钟

案例四 徘徊在微盈利和亏损边缘的香梨股份

一、教学目的与用途

（一）适用课程：《会计学》《成本会计学》和《管理会计》等课程。

（二）适用对象：本案例适用于应用型普通本科院校会计学及财务管理专业学生。

（三）教学目的：本案例以香梨股份近年来净利润的变化为切入点，目的是使学生能够灵活运用自身所学理论知识，分析香梨股份徘徊在盈利和亏损边缘的原因，深入理解净利润对企业的重要性。通过案例讨论和分析，达到的教学目标如下：

1. 了解净利润变化对企业经营产生的影响；

2. 掌握分析企业财务状况和经营成果的方法；

3. 理解净利润的含义，学会计算净利润。

二、分析思路

本案例以香梨股份的净利润变化为主线，在相关理论指导下，详细叙述香梨股份股权变动的具体过程，并提出了相关的案例思考题。

首先，通过财务数据、股权构成、净利润，引导学生分析财务报表，判断企业的财务情况；其次，结合香梨股份的经营范围变动，分析净利润变化的原因；再次，通过香梨股份股权变动过程，分析香梨股份转变为水务公司的原因；最后，结合香梨股份的企业战略和市场环境，引导学生分析香梨股份净利润变化的原因，并引导学生综合分析净利润变化趋势对企业的影响。

三、理论依据和分析

（一）净利润的含义和作用

1. 理论依据

净利润对于企业的投资者有着重要意义，这是可以衡量企业综合能力的一项指标，可以评价企业盈利能力、偿债能力和管理绩效等。

净利润的作用包括两个方面，一方面，净利润是预计未来现金流量的基础，通过现金预算的编制可预测未来现金流量，调整各项影响损益和现金余额的会计事项，把本期的净收益调整为现金净流量；另一方面，可通过净收益和现金流量之间的差额明确净收益的质量，净收益和现金流量的相关性越强，换句话说在数量上或者时间分布差异越小，则该企业的净收益质量将越好，同时净收益的收现能力和流动性越强，带来的结果是企业的财务适应性越强。

2. 案例分析

通过对香梨股份的经营状况进行介绍，根据 2012—2019 年的年度财务报告，将其分为亏损年度和盈利年度两部分，分别寻找亏损和盈利的主要原因，为后文做出的年度报表调整埋下伏笔。并提出相应问题：香梨股份自 2011 年起在微盈利和亏损边缘徘徊的根源是什么？依据香梨股份主营业务、发展过程、拓展业务，了解其净利润在股权变动下的变动，通过背景分析，引出香梨股份净利润变化的原因。同时，提出问题：结合本案例，思考摇身变为水务公司对香梨股份的净利润有什么影响？

（二）报表追溯

追溯调整法是指对某项交易或事项变更会计政策，在该项交易或事项初次发生时就采用变更后的会计政策，并以此对财务报表相关项目进行调整的方法，但它存在弊端：为企业操纵利润提供了便利，追溯调整的会计处理复杂，而且降低了会计报表的可信度。

香梨股份对报表进行调整的具体事项，包括对 2015 年度和 2016 年度利润表的追溯调整以及对 2016 年 12 月 31 日资产负债表的追溯调整。

（三）财务风险

企业的财务风险包括信用风险、流动性风险、投资风险和筹资风险。财务风险的形成原因包括外部原因和内部原因，外部原因主要包括宏观经济环境、政策以及行业背景的影响；内部原因包括资本结构不合理、投资决策不合理、财务管理制度不完善等。

依据案例所述，介绍香梨股份可能面临的风险，首先是集中支付风险带来的财务风险；其次是自然灾害带来的风险；最后是用水价格和用电价格受国家政策影响。由此提出案例思考题：香梨股份为什么会面临一系列的风险？

四、关键要点

（一）通过香梨股份净利润的变化，需要分析其财务状况，寻找盈利和亏损的主要原因。

（二）对于香梨股份可能面临的财务风险，需要通过分析香梨股份的具体经营业务，来寻找有效的解决措施。

五、建议的课堂计划

本案例可以作为案例讨论课来进行，也可以随课堂内容作为讲解案例，课堂授课时间 90 分钟，以下是建议的课堂计划，供参考。

表 2-4　案例教学计划

序号	内容	教学活动	教学主体	时间分配
1	课前准备	学生自学净利润和财务分析的理论，对相关概念做知识点的梳理	学生	30—40 分钟
2	案例分析方法解读	讲解案例分析的步骤和注意事项	教师、学生	3—5 分钟
3	案例介绍	整体介绍案例公司背景、现状，为学生展开案例分析讨论提供思路	教师	8—10 分钟
4	分小组讨论与总结	重点讨论启发思考题，理解案例中的主要情景和知识点，形成汇报要点	学生	10—15 分钟
5	小组汇报与教师点评	每个小组 5 分钟汇报，教师做出点评	教师、学生	30—40 分钟
6	总结与答疑	教师对学生案例分析讨论中的知识点进行梳理与总结，并为学生答疑	教师、学生	5—10 分钟
7	课后作业	以小组为单位，形成案例分析报告	学生	40—60 分钟

第三章

特殊业务会计处理

案例一　美克家居回购的动因是否真如公司公告所言？

一、教学目的与用途

（一）适用课程：《会计学》《成本会计学》和《管理会计》等课程。

（二）适用对象：本案例适用于应用型普通本科院校会计学及财务管理专业学生。

（三）教学目的：目前，我国上市公司都可以回购股份，企业投资者对股份回购带来的利与弊认知的缺乏，回购即利好的想法也可能会给投资者带来不利效应，因此辨别真实的回购动机，保护中小投资者的利益有很重要的意义。本案例旨在使学生了解和掌握的要点有以下三个：

1. 了解上市公司进行股份回购的理论基础；

2. 理解上市公司股份回购带给公司的利好影响；

3. 掌握上市公司股份回购的深层动因。

（四）基本理论：信号传递理论、股权质押。

二、分析思路

首先，根据案例资料，整理美克家居进行股份回购的情况，如回购的金额、期限、动因等。

其次，针对美克家居三次股份回购的实施情况，进一步分析公司股份回购的动因。

最后，根据美克家居三次股份回购的实施，得出真实的回购动因。

三、理论依据与分析

（一）信号传递理论

信号传递理论是基于市场中信息不对称情况下产生的，企业管理者和投资者所接触的企业信息不完全一致，在股权结构高度分散的企业更甚。因管理者经营管理企业掌握更多的信息，而股东因股权结构的分散对企业的掌控能力较弱，所获取的信息更少，并且仅能从市场上得到，在企业股价严重非理性下跌，市场上传递出企业经营不佳，未来发展能力不足的错误信息时，管理者基于对企业和自身经营管理的肯定而通过回购股票的方式向投资者和市场回应，以此提高投资者的信心，从而提升股价。本案例公司美克家居在三次股份回购公告中均表明回购股份的第一大原因是股票价格和实际价值不符，向公众传递公司股价非理性下跌，以此来提振股价。

（二）股权质押

股权质押是出质人将一定股数的股票质押给债权人而获取资金的方式，现如今股权质押已经成为上市公司大股东进行融资的基本方式，但股权质押存在一定的风险，具体可分为以下两类，一是若大股东没有足够的资金来偿还债务并赎回股票，资金的融出方有权来抛售股票，以此保护自己的利益；二是公司的股票价值跌破双方约定的平仓线比例时，股票可能被抛售，这样一来公司的股价受到不利影响。大幅度的股价下跌会造成强制性平仓，资金链会进一步紧缩，进入恶性循环，更多的投资者会蒙受损失。美克家居的控股股东为美克投资集团，但近年来，控股股东将自己所持美克家居股份的90%左右对外质押，如果公司股票价格跌破计算的平仓线，相应地美克家居股份可能被抛售。

四、关键要点

在本案例分析中，教师教学的关键在于以下两点：一是要将案例和理论密切结合，确保学生充分理解并实际运用相关理念；二是突出上市公司股份回购即表示利好的想法，辨别真实的回购动机，保障自身权益。

五、建议的课堂计划

本案例可以作为案例讨论课来进行，也可以随课堂内容作为讲解案例，课堂授课时间 90 分钟，以下是建议的课堂计划，供参考。

表 3-3　案例教学计划

序号	内容	教学活动	教学主体	时间分配
1	课前准备	学生自学股份回购的理论知识学习，对其理论做知识点的梳理	学生	30—40 分钟
2	案例分析方法解读	讲解案例分析的步骤和注意事项	教师、学生	3—5 分钟
3	案例介绍	整体介绍案例公司背景、现状，为学生展开案例分析讨论提供思路	教师	8—10 分钟
4	分小组讨论与总结	重点讨论启发思考题，理解案例中的主要情景和知识点，形成汇报要点	学生	10—15 分钟
5	小组汇报与教师点评	每个小组 5 分钟汇报，教师做出点评	教师、学生	30—40 分钟
6	总结与答疑	教师对学生案例分析讨论中的知识点进行梳理与总结，并为学生答疑	教师、学生	5—10 分钟
7	课后作业	以小组为单位，形成案例分析报告	学生	40—60 分钟

案例二　未名医药债券回购的法律依据和会计处理

一、教学目的与用途

（一）适用课程：《会计学》《成本会计学》和《管理会计》等课程。

（二）适用对象：本案例适用于应用型普通本科院校会计学及财务管理专业

学生。

（三）教学目的：本案例以未名医药回购债券为对象，通过对整个债券回购的介绍，要求学生分析债券回购的法律依据及会计处理。通过教师对案例的引导和学生的深入讨论以期达到如下教学目的：

1. 理解债券回购的概念；

2. 分析债券回购与股份回购的区别；

3. 分析我国关于债券回购的法律依据；

4. 分析企业债券回购账务处理流程。

（四）基础理论：债券回购、股份回购。

二、分析思路

本案例的课堂讨论问题和思路，仅供参考。首先，通过由表及里、由浅入深的分析原则，引导学生讨论股份回购的目标和意义，以及上市公司进行股份回购的法律依据；其次，在此基础上引导学生查阅相关资料，认识债券回购的依据和作用，并结合案例具体分析未名医药进行债券回购的动机，以及其进行债券回购后的会计处理；最后，引导学生展开对债券回购的讨论，分析未名医药在进行债券回购中应注意的法律问题及会计处理，提高学生对债券回购的认识和分析能力。

三、理论依据与分析

本案例基于股份回购、债券回购的相关概念和会计处理原则，设计案例内容。

（一）股份回购和债券回购

股份回购是指公司按一定的程序购回发行或流通在外的股份的行为。我国《公司法》规定，股份回购只能是购回并注销公司发行在外的股份的行为。

债券回购指的是债券交易的双方在进行债券交易的同时，以契约方式约定在将来某一日期以约定的价格（本金和按约定回购利率计算的利息），由债券的"卖方"（正回购方）向"买方"（逆回购方）再次购回该笔债券的交易行为。

（二）股份回购的会计处理

1. 回购本公司股票时

借：库存股（实际支付的金额）。

　　贷：银行存款。

2. 注销库存股时

借：股本（注销股票的面值总额）。

　　资本公积——股本溢价（差额先冲股本溢价）。

　　盈余公积（股本溢价不足，冲减盈余公积）。

　　利润分配——未分配利润（股本溢价和盈余公积仍不足部分）。

　　贷：库存股（注销库存股的账面余额）。

（三）债券回购的会计处理

根据我国会计准则规定，债券回购后，企业对债券的处理方式可能有两种：一是回购后在满足条件的情况下直接注销，二是将回购后的债券作为投资进行处理，并持有至到期。其会计处理如下。

若回购之后注销债券，会计处理如下：

借：应付债券——本金。

　　应付债券——利息调整（或贷方）。

　　贷：银行存款。

　　　　投资收益（或借方）。

将债券回购后作为投资处理，其会计处理如下。

计提利息时：

借：应收利息。

　　贷：投资收益。

公允价值变动时：

借：债券投资——公允价值变动。

　　贷：公允价值变动损益（或相反分录）。

注销债券投资时，账务处理如下。

借：应付债券——本金。

　　应付债券——利息调整（或贷方）。

　　公允价值变动损益（或贷方）。

　　贷：债券投资——买断式债券回购（公允价值）。

债券投资——公允价值变动（或借方）。

投资收益（或借方）。

本案例中，案例公司未名医药将债券回购后，将回购的债券以投资处理，根据上述会计处理原则，未名医药应做第二种账务处理，即在计提利息时，计入"投资收益"，公允价值发生变动时，计入"公允价值变动损益"。

四、关键要点

（一）结合股份回购和债券回购的相关法律规定，分析未名医药进行债券回购是否符合现行法律法规的要求。

（二）结合我国会计准则中对股份回购和债券回购的账务处理原则，分析未名医药将债券回购后应如何进行账务处理。

五、建议的课堂计划

本案例可以作为案例讨论课来进行，也可以随课堂内容作为讲解案例，课堂授课时间 90 分钟，以下是课堂计划建议，供参考。

表 3-4　案例教学计划

序号	内容	教学活动	教学主体	时间分配
1	课前准备	学生自学债券回购的理论知识学习，对债券理论做知识点的梳理	学生	30—40 分钟
2	案例分析方法解读	讲解案例分析的步骤和注意事项	教师、学生	3—5 分钟
3	案例介绍	整体介绍案例公司背景、现状，为学生展开案例分析讨论提供思路	教师	8—10 分钟
4	分小组讨论与总结	重点讨论启发思考题，理解案例中的主要情景和知识点，形成汇报要点	学生	10—15 分钟
5	小组汇报与教师点评	每个小组 5 分钟汇报，教师做出点评	教师、学生	30—40 分钟

续表

序号	内容	教学活动	教学主体	时间分配
6	总结与答疑	教师对学生案例分析讨论中的知识点进行梳理与总结，并为学生答疑	教师、学生	5—10分钟
7	课后作业	以小组为单位，形成案例分析报告	学生	40—60分钟

第四章

综合知识应用与分析

案例一　价值追踪下的瑞缘乳业成本管理之路

一、教学目的与用途

（一）适用课程：《会计学》《成本会计学》和《管理会计》等课程。

（二）适用对象：本案例主要适用于应用型本科会计学及财务管理学专业本科生。

（三）教学目的：帮助学生了解我国制造业企业发展过程中成本核算与控制方面遇到的实际问题，通过案例分析讨论，引导学生理解制造业企业的运营管理流程及财务管理的特点，以价值链为基础将公司作业活动划分为基础活动和辅助活动，并通过公司成本管理流程梳理，以价值链视角对成本问题进行分析。通过案例，使学生理解和掌握的要点有以下三个：

1. 了解乳制品企业成本管理的方式和方法；

2. 理解企业价值链的构成，掌握价值链成本管理的基本含义以及利用价值链成本管理识别企业成本管理问题；

3. 在掌握理论的同时，能将价值链成本管理方法应用于企业实践，解决企业经营中的成本管理问题。

（四）基本理论：价值链成本管理。

二、分析思路

（一）根据案例资料及相关行业咨询的查询，分析案例企业在当前面临的外部市场环境和内部经营管理困境，同时通过进一步了解案例企业的主要经营业务、成本核算与控制流程，分析梳理成本管理问题。

（二）分析新疆瑞缘乳业价值链成本管理的分析与识别过程。根据价值链理论与企业实际生产运营情况构建企业价值链，对企业一系列作业活动进行分析，找出有成本降低空间的作业活动，并对其进行成本动因分析，发掘成本管理问题，为后续解决方案的提出依据。

（三）价值链成本管理的方法可以在众多企业中广泛使用。本案例根据新疆瑞缘乳业的生产活动进行了价值链分析，找到了成本管理控制的要点，在其他企业应用的过程中，首先需要注意业务流程的细化与分解，对于不同企业，存在一定的差异，除此之外，还应结合相关知识理论，找出成本问题的解决方案。

三、理论依据与分析

无论是企业还是非营利组织，成本均是企业不可忽略的管理内容。忽略成本管理将压缩企业的利润空间，在成本居高不下的情况下，甚至会导致企业破产。在企业中，成本控制要以成本核算基础数据为基础，在智能财务大数据时代，如果仅仅关注企业内部生产经营过程中的各项成本，而忽略供应链整体的合作，往往会忽略成本降低的关键点。因此，有效利用供应链信息，进行成本核算、分析与控制将是未来企业降低成本的有利途径。

按照成本管理过程的先后顺序分为事前、事中和事后管理三个部分。事前管理是在实际成本发生之前，对生产经营活动将会发生的成本进行成本预测，并制订成本计划；事中管理是对生产经营活动过程中，根据成本计划的要求进行成本控制，如果成本预测出现了偏差，需要进行及时的调整，并对实际生产经营活动中的支出进行成本核算；事后管理是在生产经营活动之后，分析成本的消耗及其产生偏差的原因，并对成本控制工作进行考核，进一步提高成本管理作用。在管理实践中，单一因素的成本控制和管理并不能使公司的成本管理收到很好的效果，成本管理应该是包括事前、事中、事后的全面成本管理和控制。

在对瑞缘乳业进行成本分析时重点从内外部环境进行综合分析，在外部存在原料价格高、供应不足、价格偏高、同行业竞争激烈的情况。在企业内部存在企业成本管理意识不足的情况，同时由于生产自动化水平较低，人工成本较高，企业的成本管理体系也不完备，只能进行粗放式的成本核算，不能为管理层决策提供足够的信息支持。

价值链是迈克尔·波特（Michael Porter）在 1985 年提出的，价值链起始于原材料的采购，结束于产品的销售，贯穿于企业经营活动全过程，这是企业内部价值链。同时在整个产业体系中，企业并不是独立存在的，企业与上游供应商和下游客户之间亲密的合作也将为企业带来额外的利润，由此可以将企业、供应商和顾客都分别视为一个整体，构成了纵向价值链。内外部价值链中各部分的经济效果决定了企业在成本方面相对竞争能力的高低，更廉价或更出色地展开这些战略活动的企业就赢得了竞争优势。

在分析瑞缘乳业价值链成本时，首先需要识别企业的价值链，对企业的经营活动进行归类。同时，将经营活动中各个环节的成本进行量化，将成本分配到生产经营的各种价值活动中，并识别企业的增值活动，在本案例中，企业的增值活动是可以降低乳制品成本的活动。在进行成本管理之前需找到各种价值活动的成本驱动因素及它们的互相作用，并根据价值链确定的增值活动进行成本动因分析。

价值链成本管理是企业成本管理的一个重要工具，除了本案例的企业外，也适用于其他行业的企业。价值链成本管理不仅是一个可以为企业管理者提供构建高效价值链联盟、优化价值链流程所需的成本信息，也是一个多维立体的成本控制系统，它将成本的范围延伸到事前的成本预测与计划、事中实时控制与核算、事后的分析及考核等各个环节。

首先，将企业的价值链看成一个完整的系统。在利用价值链成本分析时，不仅要考虑企业内部价值链，也要考虑企业外部价值链。

其次，注意企业各种作业活动间的联系。企业的各种作业活动是连贯的，彼此相互联系、相互依存，进行成本分析与制定成本策略时需要将各种作业活动统一进行考虑，以确保总成本的降低。

再次，价值链成本管理需要遵循一定的原则，例如战略导向原则，在目前的战略定位下持续降低成本、优化价值链和提高企业的竞争优势；合作原则，企业通过与外部企业合作，能变得更加柔性，更好地适应外部环境的变化，可以将资源投入核心的竞争优势上；全面性原则与实时性原则，企业实时获得更多更为全面的信息有助于降低决策风险，提高决策的正确性。

最后，要建立完善的成本管理体系。提高企业员工的成本意识，将成本控制的观念融入企业的成本管理过程，建立规范化、制度化的成本管理体系。完善成本预测、成本计划、成本控制、成本核算、成本分析与成本考核的各项成本管理职能。还应建立有效的成本管理激励措施，调动员工工作的积极性，最终实现企业与员工的共赢。

四、关键要点

在案例分析中，教师教学的关键包括三点：一是要将案例与理论密切结合，确保学生充分理解并实际运用成本管理的相关理念；二是突出当今企业价值链与财务信息的关联，思考企业成本管理面临的问题和应对措施；三是结合案例企业情况思考企业应如何利用价值链分析成本动因，找到成本控制的措施。

五、建议的课堂计划

本案例可以作为案例讨论课来进行，也可以随课堂内容作为讲解案例，课堂授课时间90分钟。以下是课堂计划建议，供参考。

表4-1 案例教学计划

序号	内容	教学活动	教学主体	时间分配
1	课前准备	学生自学价值链的理论知识学习，对相关理论做知识点的梳理	学生	30—40分钟
2	案例分析方法解读	讲解案例分析的步骤和注意事项	教师、学生	3—5分钟
3	案例介绍	整体介绍案例公司背景、现状，为学生展开案例分析讨论提供思路	教师	8—10分钟
4	分小组讨论与总结	重点讨论启发思考题，理解案例中的主要情景和知识点，形成汇报要点	学生	10—15分钟
5	小组汇报与教师点评	每个小组5分钟汇报，教师做出点评	教师、学生	30—40分钟
6	总结与答疑	教师对学生案例分析讨论中的知识点进行梳理与总结，并为学生答疑	教师、学生	5—10分钟

序号	内容	教学活动	教学主体	时间分配
7	课后作业	以小组为单位，形成案例分析报告	学生	40—60分钟

案例二　剖开企业"截面"，解读财务现状

一、教学目的与用途

（一）适用课程：《会计学》《管理会计》等课程。

（二）适用对象：本案例适用于应用型普通本科院校会计学及财务管理专业学生。

（三）教学目的：对于本科层次的学生，财务报表分析应该作为《会计学》《管理会计》专业课程的延伸和扩展，进一步强化和拓展本科生的知识体系，提高学生对各种专业知识的综合运用能力，并掌握基本的财务分析方法。具体目标有以下三个：

1. 了解企业财务报表的组成内容及编制的一般原则；理解一般原则对报表信息的影响；掌握企业财务报表编制的法规体系；

2. 加深对会计假设、会计原则等会计概念的理解；

3. 熟悉主要的企业财务报表分析方法。

（四）基本理论：会计信息相关性理论、决策有用性理论、盈余管理理论。

二、分析思路

对于本科层次的学生来说，案例分析可作为财务会计、高级财务会计以及企业财务管理等各专业课程的延伸和扩展，进一步强化和拓展本科生的知识体系，提高学生对各种专业知识的综合运用能力，并掌握基本的财务分析方法。因此，分析思路从以下三方面入手，一是侧重点应集中于会计原则、会计假设、会计估计、会计政策等在财务报表分析中的体现，企业的各种财务政策对财务状况的影响以及基本的财务分析方法等；二是案例分析类课程教师更应该强化

本科层面学生对企业财务状况质量与决策之间联系的认识，引导学生多层次、多角度透视财务状况质量；三是在理解财务状况质量与管理质量之间联系的基础上，引导学生重点关注企业的财务政策与财务报表之间的关系及企业的管理质量在财务报表中的表现（如营销策略与财务状况质量、融资模式与财务状况、企业的结算政策与财务状况质量、企业战略实施与财务状况、企业运营管理与财务状况质量等）。具体如图4-1所示：

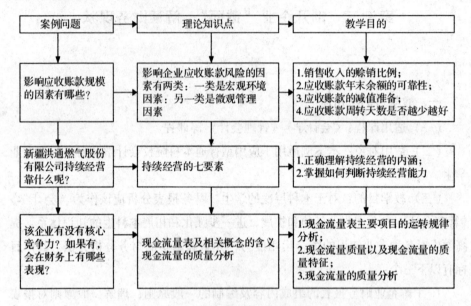

图 4-1   案例分析思路及步骤

三、理论依据与分析

（一）应收账款的内容及分析关键点

企业应收账款规模越大，其发生坏账（不可回收的债权）的可能性也越大，可以进一步断定，企业在放宽信用政策到一定程度之后，销售规模的进一步扩大并不一定能最终带来企业盈利的提高。因此，合理确定信用政策，在刺激销售和减少坏账间寻找赊销政策的最佳点，是企业营销策略中必须解决的问题。对于应收账款项目来说，分析其变现性的大小是对其进行质量分析的关键。

新疆洪通燃气股份有限公司2019年较2018年应收票据及应收账款呈下降趋势，说明该企业赊销管理良好，信用政策设定合理，企业应收票据及应收账款之和远远小于预收账款，则说明企业的产品市场是一个典型的卖方市场。

（二）持续经营与发展能力

收入和利润是企业经营成果的两个重要指标，这两个指标的增减变动是反映企业发展能力强弱的重要信号。

从长期来看，新疆洪通燃气股份有限公司的经营区域主要在新疆地区且分布范围较为广泛，主要包括巴州、哈密市、伊犁哈萨克自治州、昌吉回族自治州等地区。新疆洪通燃气股份有限公司是新疆较早利用 CNG 和 LNG 模式对长输管线不能到达的县城、乡镇、农牧团场供气的单位，长久性业务占企业利润主导地位，企业盈利水平持续下去的可能性呈上升趋势。

（三）企业核心竞争力与现金流的关系

现金对于企业经营就好比血液对于人，资金周转不灵好比人的血液中断流通，那么企业可能会面临"猝死"的风险。因此，控制资金链风险，必须掌握导致企业资金周转不灵的因素。

由现金流量流出结构来看，新疆洪通燃气股份有限公司经营活动现金流出占现金总流出比重较大，其生产经营状况正常，现金支出结构较为合理。结合投资活动现金流出占现金总流出的比例，可以发现投资活动较为活跃，对公司现金流量的影响较大，在筹资活动现金流出中，现金流出全部用于分配股利、利润及偿付利息支付的现金。

四、关键要点

（一）作为企业管理者，其重要的思维就是系统化思维。企业管理者不能仅仅站在自己所从事工作的立场或者角度来看问题，而是应该站在企业整体的角度来看问题。从全局来看，局部创优可能导致全局损失。因此，除了对本课程的基本技能和基本方法要重点掌握以外，在学习中，学生还应掌握与本课程相关的知识体系，并能够融会贯通。

（二）在相关知识方面，应该特别关注的是：企业的财务政策与财务报表之间的关系；企业的管理质量在财务报表中的表现。

（三）应收账款质量分析主要从变现性入手，具体包括以下五方面，一是对债权的账龄进行分析；二是对债务人的构成进行分析；三是对形成债权的内部经手人构成进行分析；四是对债权的周转情况进行分析；五是对坏账准备政策进行分析。

（四）企业的发展能力是指企业的成长能力或者说增长能力。企业经营并不一定要追求增长的最大化，如果企业能够保持适度、稳定的增长，在不过度消耗企业的财务资源的情况下，能够保持企业成长的持续性、长期性是最合适的。案例分析时重点从收入及利润增长、资产及股东权益增长及非财务三个角度评价企业发展能力。

（五）企业经营活动创造的现金不足，就需要引起警惕，一时的经营资金不足并不会带来很大问题，但是如果经营活动创造的现金经常性地不能满足资金需求，那么资金链断裂的风险就会增加。经营活动的资金短缺迹象最早是从销售收入或利润表现出来的，因为销售收入是根据权责发生制入账的，而资金都是在销售收入实现之后才收到货款的，所以在销售收入一旦出现大幅减少或者企业亏损局面已经连续出现时就需要警惕企业的资金是不是出现问题了。

五、建议的课堂计划

本案例可以作为案例讨论课来进行，也可以随课堂内容作为讲解案例，课堂授课时间 90 分钟，以下是课堂计划建议，供参考。

表 4-2　案例教学计划

序号	内容	教学活动	教学主体	时间分配
1	课前准备	学生自学并梳理总结会计信息相关性理论、决策有用性理论、盈余管理理论知识学习	学生	30—40 分钟
2	案例分析方法解读	讲解案例分析的步骤和注意事项	教师、学生	3—5 分钟
3	案例介绍	整体介绍案例公司背景、现状，为学生展开案例分析讨论提供思路	教师	8—10 分钟
4	分小组讨论与总结	重点讨论启发思考题，理解案例中的主要情景和知识点，形成汇报要点	学生	10—15 分钟
5	小组汇报与教师点评	每个小组 5 分钟汇报，教师做出点评	教师、学生	30—40 分钟
6	总结与答疑	教师对学生案例分析讨论中的知识点进行梳理与总结，并为学生答疑	教师、学生	5—10 分钟

续表

序号	内容	教学活动	教学主体	时间分配
7	课后作业	以小组为单位，形成案例分析报告	学生	40—60分钟

案例三 中泰纺织集团精细化成本管理之路

一、教学目的与用途

（一）适用课程：《会计学》《成本会计学》和《管理会计》等课程。

（二）适用对象：本案例适用于应用型普通本科会计学及财务管理专业学生。

（三）教学目的：成本管理是企业管理的重要组成部分，它要求系统而全面、科学又合理，对于促进增产节支、加强经济核算、改进企业管理、提高企业整体管理水平具有重大意义。因此，做好企业成本管理也是企业增强核心竞争力的重要举措。本案例通过中泰纺织集团面临的竞争环境，引入精细化成本管理理念，有效控制浪费、节约资源，实现降本增效的过程，以此为基础，使学生通过案例分析，掌握公司精细化成本管理的原则和程序，以及实现降低成本目标的关键措施。具体目标有以下三个：

1. 了解中泰纺织集团成本管理中的困境；

2. 理解精细化成本管理的内涵与程序；

3. 掌握精细化成本管理方法在案例公司的实践，解决公司经营中的成本管理问题。

（四）基本理论：精细化成本管理。

二、分析思路

教师引导学生通读案例，以成本管理理论为基础，准确把握案例公司生产经营的内外部环境对成本管理的要求，分析其成本管理的现状，进一步探究案例公司实施成本管理的动因。案例讨论与分析环节，以学生为中心，重点掌握案例公司实施精细化成本管理中全员参与、降本增效和向管理要效率等一系列措施，以及成本管理过程中体现的精细化成本管理理论的内涵，总结实施精细化成本管理对提升公司核心竞争力的意义。

三、理论依据与分析

本案例以精细化成本管理的内容、原则和管理策略为基础，设计案例内容。

（一）精细化成本管理的内容与原则

精细化管理是建立在常规管理的基础上，并将常规管理引向深入的一种管理模式，是一种以最大限度减少管理所占用的资源和降低管理成本为主要目标的管理方式。精细化管理有三大原则：注重细节，立足专业，科学量化。只有做到这三点，才能使精细化管理落到实处。精细化管理又是一项系统工程，必须持之以恒，循序渐进，逐步推进。要切实有效实施精细化管理，要重点抓好以下四项工作内容。

一是上下同心，全员参与。要深入实施精细化管理，必须进一步提高全体员工对精细化管理咨询的认识，加大对精细化管理的宣传力度，不仅要让各级领导干部和所有管理人员都能正确认识、全面了解、主动把握和积极参与精细化管理，而且要在全体员工中真正形成共识，做到全员参与，使管理工作由少数人实施变为多数人的自觉行动。这就要求上下同心，一级管理一级，员工要做到管理好自己，这样才能从根本上取得管理成效。

二是行业制度精益求精，工作有标准。精细化管理的基本内涵是以精益求精作为经营管理活动的价值取向，以精雕细刻、精打细算作为经营管理过程的基本要求，以精良优质作为经营管理成果的衡量标准，做到管理上精雕细刻，生产上精耕细作，技术上精益求精，成本上精打细算。要实现管理培训的精细化，很重要的一点就是企业的各级决策者必须清楚精细化管理要掌握的度，即数字的度、效率的度、执行的度，要一切皆可操作、可实现、可控制。因此，要保证企业的规范化和精细化运作，必须制定规范的、精细的管理制度和工作标准，这样才能依据相应的规章制度和操作标准判断员工的操作行为和工作结果是否符合要求。

三是精准细致的人员分工，责任落实到人。责任是推动各项规章制度和任务落实的"尚方宝剑"，如果没有把责任明确到每个人身上，则每个人都会感到无约束、无压力、无动力，容易导致推诿扯皮、应付差事。因此，要顺利完成各项工作，必须强化责任，通过建立完善的岗位责任制，对各项工作进行量化分解，实现权责清晰、责任明确。要本着谁主管谁负责的原则，建立领导干部第一责任人制度。领导干部必须做出表率，自觉履行好自身职责，这样才能起到示范督促作用。同时，按照一级对一级负责的原则，在日常工作中建立层层负责的责任制，在临时工作中指定责任人，赋予其一定的职责，并加强监督检查和责任追究。对于不能严格履行职责、按时完成任务的，要根据规定进行责任追究，这样才能确保层层有压力、人人有动力、事事有落实。

四是精打细算的评估机制，量化考核到位。要采取考核、奖励、处罚等手段，引导、培育推进精细化管理。考核过程中，要本着有利于推进工作、有利于调动员工积极性的原则，对员工严格加以考核。

分析中泰纺织集团实施精细化成本管理的方法，要明确分析的思路，基于成本管理现状和精细化成本管理理论基础，把握精细化成本管理原则在中泰纺织集团成本管理中体现出来的注重细节、立足专业、科学量化，学习"阿米巴"经营理念，并将其融入全体员工的生产经营和管理中，提升全员参与成本管理意识，严格实施精细化成本管理的岗位设置和考核，以制度为基础，向管理要效率。

（二）实施精细化成本管理的策略

1. 提高成本管理意识

首先，在企业进行成本控制精细化管理过程中，应先对成本控制精细化管理的理念进行宣传，使所有员工都认识到成本控制精细化管理的重要性。

其次，应对各部门的工作人员进行思想培训，培养和提高员工的成本控制和管理意识，只有在思想上重视了，才能更好地在行为中实现。

最后，企业管理者也应积极听取员工对于成本控制工作中的意见反馈，及时进行调整和完善，促进企业成本控制的有效落实，提高企业管理效率。

2. 完善管理制度和信息系统

企业必须建立科学、健全的管理制度，为企业成本控制精细化管理提供制度保障。

第一，要建立精细化的管理制度，细化管理内容，规范管理人员的行为，通过管理流程的优化，提高其管理效率。

第二，建立完善的监督机制，对成本管理加强内部审核和监督，在成本控制精细化管理工作过程中实现全员参与进行监督，全程进行控制，在监督过程中不断发现问题、解决问题，确保精细化的成本管理工作落到实处。

第三，建立权责统一的管理制度，明确各部门以及各岗位的职责范围，实行统一的工作管理和分级负责机制，切实做到谁执行就由谁负责的责任到人机制，促进企业成本控制精细化工作的有效落实。

第四，建立绩效考核制度，对精细化成本管理工作进行月度考核，将考核结果同职务晋升、薪酬待遇等挂钩，切实提高管理效率，有效地解决目前管理松散和管理效率低等问题。

要做好成本控制精细化管理工作，就要对企业的管理方式进行优化创新，根据实际情况，结合市场需求，引进新技术，购置新设备，完善信息网络系统。

3. 实行全面预算管理

在企业成本控制精细化管理过程中，要优化全面的预算管理。

首先，从实际出发加强预算编制工作，发挥预算管理在精细化成本控制中的导向作用。

其次，加强预算执行工作，避免预算执行过程中的"任意变更"等问题，保障预算的切实执行效果。

最后，完善预算管理机制，从控制成本、提高成本效率出发，保障精细化成本控制工作的有效落实，充分发挥成本控制精细化管理的作用。

4. 精细化成本管理

精细化成本控制管理更加关注在企业实现相同盈利时，做到成本最低；在成本相同时，实现盈利最大化。

精细化的成本管理理念大大提高了企业的抗风险能力，增加了企业的经济效益。企业成本控制精细化管理使企业改变了传统的管理模式，不再单纯地实施价格策略，而是利用强大的数据信息使企业的盈利点向服务和业务水平的提高方面发展，企业还在不断开拓新的盈利点，扩大资金来源。

案例分析中，通过对中泰纺织集团精细化成本管理策略的梳理，体现了精细化成本管理理念，注重员工成本意识的提升，提高管理方法的科学性，恰当利用权责利的合理配置，明确精细化成本管理的环节，实施精细化成本管理的措施形成系统性又注重细节，全领域、全要素提升精细化成本管理的水平。

四、关键要点

（一）精细化成本管理的内容与原则：注重细节，科学量化，有标准并要求精益求精。

（二）实施精细化成本管理的关键环节：提高全员参与成本管理的意识，建立权责利相统一的管理制度和绩效考核制度。

五、建议的课堂计划

本案例可以作为案例讨论课来进行，也可以随课堂内容作为讲解案例，课堂授课时间90分钟，以下是课堂计划建议，供参考。

表4-3 案例教学计划

序号	内容	教学活动	教学主体	时间分配
1	课前准备	学生自学成本管理的理论知识学习，对成本管理中精细化成本管理理论做知识点的梳理	学生	30—40分钟
2	案例分析方法解读	讲解案例分析的步骤和注意事项	教师、学生	3—5分钟
3	案例介绍	整体介绍案例公司背景、现状，为学生展开案例分析讨论提供思路	教师	10—15分钟
4	分小组讨论与总结	重点讨论启发思考题，理解案例中的主要情景和知识点，形成汇报要点	学生	20—25分钟
5	小组汇报与教师点评	每个小组5分钟汇报，教师做出点评	教师、学生	30—40分钟
6	总结与答疑	教师对学生案例分析讨论中的知识点进行梳理与总结，并为学生答疑	教师、学生	5—10分钟
7	课后作业	以小组为单位，形成案例分析报告	学生	40—60分钟

案例四　探究小米集团的经营战略

一、教学目的与用途

（一）适用课程：《会计学》《成本会计学》和《管理会计》等课程。

（二）适用对象：本案例适用于应用型普通本科院校会计学及财务管理专业学生。

（三）教学目的：为了引导学生对经济生活中的实际问题积极思考、主动探索，本案例以康得新的财务造假为例，目的是使学生能够灵活运用自身所学理论知识，结合案例进行分析，将所学转为所用，并结合多门课程理论知识对案例进行深思，明白会计专业各门课程的联系，学会灵活运用。具体的教学目标有以下三个：

1. 了解不同投票权架构；

2. 理解优先股的相关会计处理；

3. 掌握通过财务数据对公司进行财务报表分析的能力。

二、分析思路

教师可以根据自己的教学目标灵活使用本案例。这里提出本案例的分析思路，仅供参考。首先，介绍小米集团的背景及业务范围，帮助同学们了解案例公司情况；其次，介绍小米上市首日即遭破发这一情况，从而引导学生思考小米集团的市场估值与股市情况存在差异的原因；最后，根据报表数据分析，判断小米集团的行业属性。通过本案例的学习，帮助学生将所学较为分散的知识点结合起来，锻炼综合分析能力。

三、理论依据与分析

本案例以优先股和不同投票权为理论基础，设计案例内容。

（一）优先股会计处理的方法

从会计角度来说，如果把优先股看成"股"的话，那么其公允价值变动应当与公司盈亏无关，盈亏只是股东的损益。但由于它可赎回，所以"股"的性质就变成了"债"，作为"债"，其公允价值上升便会成为投资人赎回时的公司损失，但因为它可转换为"股"，所以它又不是纯粹意义上的"债"。如果优先股持有人选择转股而不是赎回，那么其公允价值变动便不会影响到公司的损益。所以这类公允价值变动损失，或可描述为"或有损失"，在严格会计意义上，应当如何表达这类利得或损失的确是个难题。因为无论是把这类损失放进权益还是损益，都只是形式上的技术处理，而非问题的本质有任何不同，最终都不影响公司对股东权益的表达。

（二）"以小控大"的公司管理架构

通过不同投票权股权设置，公司创始股东通过持有小比例但代表较多投票权的股份便可有效控制公司，使公司创始人可以在不受新投资者压力的情况下专注公司创新发展，为股东谋取最大的价值增量。保障经营股东对公司的控制权。相比于后期投资者，创新企业的创始团队拥有更加专业的眼光和更强的执行能力，在面临外部环境不确定性时能够更快更有效地做出决策，与追求公司红利和差价的投资股东和追求股票买卖差价的投机股东不同。创始团队掌握控制权对公司长远发展与战略布局有深远意义。为创始团队提供更强激励机制。对于创新企业而言，创始团队是公司的灵魂，他们掌握着公司最核心的知识、技术、战术战略，"同股不同权"为创始团队免去股权稀释的后顾之忧，激励其更加专注于公司长期发展，保障企业的发展源动力。此外，创始团队人员变动会引起投资市场对公司的信心，从而对于公司股价也会产生巨大影响。有效抵挡恶意收购。恶意收购是一种"短期获利"行为，不利于公司长期发展，"同股不同权"所特有的 AB 股权结构使得创始团队与核心管理拥有更多投票权，这就有效减少了恶意收购者通过大量购买 A 类股份以控制公司的可能性，避免公司成为恶意收购的对象。

四、关键要点
（一）掌握优先股的会计处理，理解小米亏损的原因。
（二）掌握不同投票权架构的意义。

五、建议的课堂计划
本案例可以作为案例讨论课来进行，也可以随课堂内容作为讲解案例。以下是课堂计划建议，供参考。

表 4-4　案例教学计划

序号	内容	教学活动	教学主体	时间分配
1	课前准备	课前将案例资料发给学生，要求学生阅读相关文献	教师、学生	30—40 分钟
2	案例分析方法解读	讲解案例分析的步骤和注意事项	教师、学生	3—5 分钟
3	案例介绍	整体介绍案例公司背景、现状，为学生展开案例分析讨论提供思路	教师	10—15 分钟
4	分小组讨论与总结	重点讨论启发思考题，理解案例中的主要情景和知识点，形成汇报要点	学生	20—25 分钟
5	小组汇报与教师点评	每个小组 5 分钟汇报，教师做出点评	教师、学生	30—40 分钟
6	总结与答疑	教师对学生案例分析讨论中的知识点进行梳理与总结，并为学生答疑	教师、学生	5—10 分钟
7	课后作业	以小组为单位，形成案例分析报告	学生	40—60 分钟

第五章

会计职业道德

案例一　货币资金的财务谜底

一、教学目的与用途

（一）适用课程：《会计学》《成本会计学》和《管理会计》等课程。

（二）适用对象：本案例适用于应用型普通本科院校会计学及财务管理专业学生。

（三）教学目的：为了引导学生对经济生活中的实际问题积极思考、主动探索。本案例以康得新的货币资金管理为例，目的是使学生能够灵活运用自身所学理论知识，结合案例进行分析，将所学转为所用，并结合多门课程理论知识对案例进行深思，明白会计专业各门课程的联系，学会灵活运用。具体的教学目标有三点：

1. 了解案例公司在现金管理方面存在的问题；

2. 理解货币资金管理的必要性；

3. 掌握企业管理货币资金的手段。

二、分析思路

教师可以根据自己的教学目标灵活使用本案例。本文提出的本案例的分析思路，仅供参考。由康得新银行账户上消失了 122 亿元这一爆炸性新闻，引出本案例的主题，介绍康得新的发展背景和其所面临的危机，引导学生思考康得新货币资金管理的问题；教师对康得新货币资金管理的手段和内容进行梳理，帮助学生进一步理解货币资金管理的具体内容；分析与总结货币资金管理对企业的重要性。

三、理论依据与分析

本案例以舞弊风险因子理论和舞弊三角理论为基础，设计案例内容。

舞弊风险因子理论是伯洛格那（G. Jack Bologna）等人在 GONE 理论的基础上发展形成的，是迄今最为完善的关于形成企业舞弊的风险因子的学说。它把舞弊风险因子分为个别风险因子与一般风险因子。其中，个别风险因子是指因人而异且在组织控制范围之外的因素，包括道德品质与动机；一般风险因子是指由组织或实体来控制的因素，包括舞弊的机会、舞弊被发现的概率以及舞弊被发现后舞弊者受罚的性质和程度。当一般风险因子与个别风险因子结合在一起，并且被舞弊者认为有利时，舞弊就会发生。康得新发生的财务造假事件，其实就是公司管理者将一般风险因子和个别风险因子结合之后，权衡了利弊所做出的决策。

舞弊三角理论认为企业舞弊产生的原因是由压力、机会和借口三要素组成的，压力要素是企业舞弊者的行为动机。刺激个人为其自身利益而进行企业舞弊的压力大体上可分为四类：经济压力、恶癖的压力、与工作相关的压力和其他压力。而康得新事件的主要压力来源于经济压力。

机会要素是指可进行企业舞弊而又能掩盖起来不被发现或能逃避惩罚的时机，主要有六种情况：缺乏发现企业舞弊行为的内部控制，无法判断工作的质量，缺乏惩罚措施，信息不对称，能力不足和审计制度不健全。康得新复杂的销售合同以及审计人员缺乏职业谨慎性给康得新进行财务造假提供了机会。在面临压力、获得机会后，真正形成企业舞弊还有最后一个要素——借口（自我合理化），即企业舞弊者必须找到某个理由，使企业舞弊行为与其本人的道德观念、行为准则相吻合，无论这一解释本身是否真正合理。康得新管理层做出财务造假的决策也一定是进行了自我合理化，给了自己一个正当的借口。因此，压力、机会和借口三要素，缺少任何一项要素都不可能真正形成企业舞弊行为。

本案例分析中用到了舞弊风险因子理论和舞弊三角理论，并结合康得新的经营状况分析货币资金缺口背后的成因。

四、关键要点

（一）准确把握货币资金管理的方法。

（二）明确货币资金管理对企业的重要性。

五、建议的课堂计划

本案例可以作为案例讨论课来进行，也可以随课堂内容作为讲解案例，课堂授课时间 90 分钟，以下是建议的课堂计划，供参考。

表 5-1　案例教学计划

序号	内容	教学活动	教学主体	时间分配
1	课前准备	课前将案例资料发给学生，要求学生阅读相关文献	教师、学生	30—40 分钟
2	案例分析方法解读	讲解案例分析的步骤和注意事项	教师、学生	3—5 分钟
3	案例介绍	整体介绍案例公司背景、现状，为学生展开案例分析讨论提供思路	教师	10—15 分钟
4	分小组讨论与总结	重点讨论启发思考题，理解案例中的主要情景和知识点，形成汇报要点	学生	20—25 分钟
5	小组汇报与教师点评	每个小组 5 分钟汇报，教师做出点评	教师、学生	30—40 分钟
6	总结与答疑	教师对学生案例分析讨论中的知识点进行梳理与总结，并为学生答疑	教师、学生	5—10 分钟
7	课后作业	以小组为单位，形成案例分析报告	学生	40—60 分钟

案例二　由延安必康货币资金变动引发的思考

一、教学目的与用途

（一）适用课程：《会计学》《成本会计学》和《管理会计》等课程。

（二）适用对象：本案例适用于应用型普通本科院校会计学及财务管理专业学生。

（三）教学目的：本案例以延安必康公司货币资金变动为切入点，使学生能够灵活运用自身所学理论知识，分析延安必康公司是否遵守会计职业道德规范，深入理解会计信息真实披露对企业发展的重要性。具体目标如下：

1. 能够帮助学生了解会计职业道德相关概念；

2. 帮助学生学会分析企业财务状况；

3. 使学生理解会计人员诚信的必要性。

二、分析思路

本案例以延安必康公司货币资金变动为主线，在相关理论指导下，详细叙述并分析了延安必康公司会计信息披露的具体过程，并提出了相关的案例思考题。

首先，通过货币资金的期末余额、营业收入对比，引导学生分析财务报表，判断企业的财务状况；其次，结合延安必康公司的企业战略和市场环境，引导学生分析延安必康公司遵守会计职业道德的情况，通过延安必康公司的事件，分析货币资金变动的原因；最后，结合延安必康公司的货币资金情况，分析其激增的资金来源。同时，引导学生综合分析货币资金清查与会计职业道德之间的关系，并就如何完善会计职业道德讨论相关对策。

三、理论依据与分析

（一）会计职业道德的内容

我国最新颁布的会计职业道德相关法律法规，主要是对会计从业人员的道德标准做了具体的规定，希望以此约束和规范会计人员的行为，其内容主要包括"爱岗敬业、诚实守信、廉洁自律、客观公正、坚持准则、提高技能、参与管理以及强化服务"这八项。

1. 诚实守信与客观公正

诚实是指一个人要言行一致，诚信做人，实事求是地做好自己的工作。守信是指一个人可以做到言出必行，对自己许下的承诺可以在行动上落实，而不是说到做不到。公正是要求国家能够制定统一的会计制度，有效地执行和监督会计准则、会计制度，完善会计行业体系，公正地开展会计核算和会计监督工作，使会计工作可以更加透明化。注册会计师应当以公平公正的态度进行审计工作，严格按照法律法规的要求进行审计工作，最终能够出具客观、适当的审计意见，不给虚假会计信息以可乘之机。

本案例通过背景分析，介绍延安必康公司的相关背景，引出延安必康公司货币资金激增的原因。银行对账单是核对和确认的凭单，对银行和企业间的资金流转情况进行核对和确认，但是延安必康公司并未发挥银行对账单的作用。

2. 廉洁自律与坚持准则

廉洁自律要求会计人员能够自觉地抵制自己的不良欲望，在工作中，对于拒绝诱惑要坚决抵制。坚持准则是指会计人员应当严格遵循会计法律制度的规定办事，而不能受上级或领导的意志影响，做出违背会计行业操守的事情。当从业过程中发生道德冲突时，应把准则放在第一位，时刻谨记法律准绳，依法办事，不做违法的事情。注册会计师在进行审计业务时，应严格按照独立审计准则，一步一步地认真对被审核企业审核，并在最后给被审计企业出具公正客观的审计报告，保证审核内容的真实性。

本案例依据延安必康公司 2015—2018 年的年度财务报告，通过延安必康公司的货币资金的期末余额、营业收入对比，引导学生分析财务报表，判断企业的财务情况，指出延安必康公司收入增加的真实性。同时，提出"延安必康公司是否遵守了会计职业道德规范？"的思考题。

3. 爱岗敬业与提高技能

爱岗敬业是指会计人员可以从自己的内心热爱本职工作，并且在本职岗位上兢兢业业，对于自己的职业有一种严肃认真的态度，对自己的职位可以承担应有的责任和义务，有敬业精神。会计职业技能主要是指会计理论和实务水平，以及对会计行业的职业判断能力、学习新知识的能力等。

本案例依据 2015—2019 年的财务报告阐述延安必康公司的财务状况，分为业务构成、经营状况和重大变化的费用，通过这三个方面指出延安必康会计信息披露的真实性，从而找寻其财务状况与会计职业道德之间的关系。

（二）完善会计职业道德机制的对策

完善会计职业道德机制的对策可以从以下几个方面展开。首先，开展会计职业道德教育是一项必不可少的手段，其主要目的是希望通过对会计人员职业道德的培养和灌输，使会计职业道德的规范能够内化成会计人员自己的思想，与他们自身的道德和素质融为一体，最终可以实现自然而然地指导和约束自身的行为，遵守会计操守，提高会计人员的道德水平；其次，会计职业道德环境不仅仅与会计行业内部环境有关，同时也受外部环境的影响，因此要构建一个新的会计职业道德环境，必须与其他方面的环境建设相结合，从多个角度塑造良好的会计职业道德环境；最后，完善会计职业道德评价体系，通过建立系统的诚信档案，将会计人员以及会计师事务所的相关信息汇总，并对其行为进行详细记录，来把握会计行业的发展情况。对于已经出现的有违反行业诚信要求的会计人员须予以警告，并且责令其进行改正，而对于严重违反法律法规和职业道德及准则的会计人员，应当让其受到严厉的处罚，为自己的行为付出应有的代价。

延安必康公司 2015—2018 年连续三年货币资金激增，这背后的原因与会计职业道德密切相关，提高会计职业道德是延安必康走出危机的必经之路。

四、关键要点

（一）通过了解会计职业道德的概念，发现延安必康公司货币资金变动与会计职业道德之间的关系。

（二）关注延安必康公司的货币资金变动，发现其中的异常以及变动原因。

五、建议的课堂计划

本案例可以作为案例讨论课来进行，也可以随课堂内容作为讲解案例，课堂授课时间 90 分钟，以下是课堂计划建议，供参考。

表 5-2 案例教学计划

序号	内容	教学活动	教学主体	时间分配
1	课前准备	学生自学有关财务造假手段的理论知识，对相关理论做知识点的梳理	学生	30—40 分钟
2	案例分析方法解读	讲解案例分析的步骤和注意事项	教师、学生	3—5 分钟
3	案例介绍	整体介绍案例公司背景、现状，为学生展开案例分析讨论提供思路	教师	8—10 分钟
4	分小组讨论与总结	重点讨论启发思考题，理解案例中的主要情景和知识点，形成汇报要点	学生	10—15 分钟
5	小组汇报与教师点评	每个小组 5 分钟汇报，教师做出点评	教师、学生	30—40 分钟
6	总结与答疑	教师对学生案例分析讨论中的知识点进行梳理与总结，并为学生答疑	教师、学生	5—10 分钟
7	课后作业	以小组为单位，形成案例分析报告	学生	40—60 分钟

案例三　遵守职业道德，方能持续发展

一、教学目的与用途

（一）适用课程：《财务会计》《内部控制》等课程。

（二）适用对象：本案例主要适用于应用型本科会计学及财务管理学专业本

科生。

（三）教学目的：通过案例分析，让学生了解遵守规则的重要性。通过学习，使学生了解和掌握的要点有以下三个：

1. 了解新收入准则，掌握收入确认规则；

2. 企业采购、销售过程中的内部控制要点；

3. 了解上市公司股票退市相关知识点。

（四）基本理论：财务造假相关理论。

二、分析思路

根据证监会处罚公告，发现东方金钰 2016—2018 年度，均通过虚构销售和采购交易虚增利润，误导市场上的投资者，扰乱经济市场秩序，且公司多次违规披露信息，最终导致公司股票被退市。

首先，对东方金钰公司发展历程进行简单回顾。2004 年，东方金钰通过一系列股权转让和资产转换，借壳 * ST 多佳上市，并于 2006 年更名为东方金钰，号称国内翡翠业首家上市公司。

其次，对于 2021 年 A 股首退，梳理退市原因。财务造假、连续两年亏损、违规披露信息等操作均触发退市条件，加之退市新规执行，东方金钰最终难逃退市命运。

最后，股票退市给各利益相关方带来巨大损失，公司高管面临行政处罚及市场禁入。大量散股资金灰飞烟灭，公司最终退出 A 股市场。总结案例，无论做人还是做企业，诚信是立身之本，遵守规则才能行之久远。

三、理论依据与分析

上市公司退市制度是资本市场的一项基础性制度，在提升上市公司质量、健全市场优胜劣汰机制、合理配置市场资源等方面发挥着重要作用。2020 年 12 月 31 日，沪深交易所分别发布了退市新规，分别修订了退市的详细指标和程序。

（一）退市标准上的具体修改，本次修订对于 4 类强制退市指标均有完善：

一是财务类指标方面，取消了原来单一的净利润、营业收入指标，新增扣非前后净利润为负且营业收入低于人民币 1 亿元的组合财务指标，同时对实施退市风险警示后的下一年度财务指标进行交叉适用。

二是交易类指标方面，将原来的面值退市指标修改为"1元退市"指标，同时新增"连续20个交易日在本所的每日股票收盘总市值均低于人民币3亿元"的市值指标。

三是规范类指标方面，新增信息披露、规范运作存在重大缺陷且拒不改正和半数以上董事对于半年报或年报不保真两类情形，并细化具体标准。

四是重大违法类指标方面，在原来信息披露重大违法退市子类型的基础上，进一步明确财务造假退市判定标准，即新增"根据中国证监会行政处罚决定认定的事实，公司披露的年度报告存在虚假记载、误导性陈述或者重大遗漏，上市公司连续三年虚增净利润金额每年均超过当年年度报告对外披露净利润金额的100%，且三年合计虚增净利润金额达到10亿元以上；或连续三年虚增利润总额金额每年均超过当年年度报告对外披露利润总额金额的100%，且三年合计虚增利润总额金额达到10亿元以上；或连续三年资产负债表各科目虚假记载金额合计数每年均超过当年年度报告对外披露净资产金额的50%，且三年累计虚假记载金额合计数达到10亿元以上（前述指标涉及的数据如为负值，取其绝对值计算）"的量化指标。

（二）退市程序上的具体修改，本次修订调整主要包括以下三个方面：

一是取消暂停上市和恢复上市环节，明确上市公司连续两年触及财务类指标即终止上市。

二是取消交易类退市情形的退市整理期设置，退市整理期首日不设涨跌幅限制，将退市整理期交易时限从30个交易日缩短为15个交易日。

三是将重大违法类退市连续停牌时点从收到行政处罚事先告知书或法院判决之日，延后到收到行政处罚决定书或法院生效判决之日。

四、关键要点

（一）知识点：理解企业会计准则中收入确认条件，企业在销售、采购过程中的风险点控制。

（二）能力点：培养学生职业道德和规则的意识。

五、建议的课堂计划

本案例可以作为案例讨论课来进行，也可以随课堂内容作为讲解案例，课堂授课时间90分钟，以下是课堂计划建议，供参考。

表 5-3　案例教学计划

序号	内容	教学活动	教学主体	时间分配
1	课前准备	学生自学财务造假相关的理论和退市新规定进行，对相关内容做知识点的梳理	学生	30—40 分钟
2	案例分析方法解读	讲解案例分析的步骤和注意事项	教师、学生	3—5 分钟
3	案例介绍	整体介绍案例公司背景、现状，为学生展开案例分析讨论提供思路	教师	8—10 分钟
4	分小组讨论与总结	重点讨论启发思考题，理解案例中的主要情景和知识点，形成汇报要点	学生	10—15 分钟
5	小组汇报与教师点评	每个小组 5 分钟汇报，教师做出点评	教师、学生	30—40 分钟
6	总结与答疑	教师对学生案例分析讨论中的知识点进行梳理与总结，并为学生答疑	教师、学生	5—10 分钟
7	课后作业	以小组为单位，形成案例分析报告	学生	40—60 分钟

案例四　广汇能源环境会计信息披露的今天和明天

一、教学目的与用途

（一）适用课程：《会计学》《成本会计学》和《管理会计》等课程。

（二）适用对象：本案例适用于应用型普通本科院校会计学及财务管理专业学生。

（三）教学目的：帮助学生理解信息不对称理论和社会责任理论，使学生思考广汇能源进行环境会计信息披露的原因，以及其会计信息披露的方式，并启发学生厘清和对比 4 家采矿类企业环境会计信息披露的异同点。通过以上引导和分析，促进学生对基础理论的掌握和运用，提高学生对环境会计信息披露的认识和理解。通过本案例，使学生了解和掌握的要点有以下三个：

1. 了解环境会计信息的披露方式；

2. 理解广汇能源环境会计信息的披露内容；

3. 掌握上市公司环境会计信息披露机制。

（四）基本理论：社会责任理论、信息不对称理论。

二、分析思路

首先，根据案例资料了解广汇能源的主营业务、核心产品和组织架构等基础信息。主营业务包括液化天然气、煤炭、煤化工、油气勘探开发这四大业务板块；核心产品包括煤炭、LNG、醇醚、煤焦油、石油，内设安全生态环境部，一级持股比例超过 50% 的子公司共有 16 家。

其次，通过对广汇能源基础信息的了解，以社会责任理论和信息不对称理论为出发点，分析和探索广汇能源环境会计信息披露的原因，把握广汇能源环境会计信息披露的现状，另取同行业三家采矿类企业作为比较对象。

最后，通过广汇能源和其他三家企业的对比，从定量和定性两个角度出发，得出广汇能源环境会计信息披露发展与变化，并总结和归纳上市公司建立完善会计信息披露机制的有效办法。

三、理论依据

（一）企业社会责任理论

社会责任理论是现代资本主义世界最为流行的新闻传播理论，它来源于自由主义报刊理论，但又发展了自由主义理论，故有人称其为新自由主义理论。它强调自由须以责任为前提，新闻媒介在享有自由权利时，要恪尽对于社会、公众的义务和责任。政府不仅要允许自由，而且还要促进自由。由于企业是社会的重要组成部分，其在获取利益享受权利的同时，要承担自身对社会、对公众的义务和责任。对于企业来说，企业的社会责任除了要保证相关权益人的利益外，更多的还要肩负起保护生态系统的责任。

（二）信息不对称理论

信息不对称理论是指在一段交易行为当中，交易双方对交易掌握的信息量有差异的，信息量多的一方更有优势，信息量相对较少的一方会处于劣势地位。20 世纪 70 年代，约瑟夫等三位美国经济学家提出该理论。对于企业来说，其掌握的环境会计信息会更多，企业更愿意将有利于自己形象的会计信息披露和传导给社会公众，对于那些必然会影响其在公众心目中的地位和形象的负面信息，企业会尽量规避或隐藏，这就造成了企业内部与外界利益相关者对于环境会计的信息掌握程度不同，影响相关决策人做出正确决策。环境会计信息的披露就是为了降低信息不对称，证监会对环境会计信息披露的严格监管和披露要求，可减少利益双方信息不对称，确保企业做到尽责披露，全面披露。

四、关键要点

（一）社会责任理论：企业进行环境会计信息披露的原因。

（二）信息不对称理论：广汇能源会计信息披露的方式。

五、建议课堂计划

本案例可以作业案例讨论课来进行，也可以随课堂内容作为讲解案例，课堂授课时间 90 分钟，以下是课堂计划建议，供参考。

表5-4　课堂计划方案表

序号	内容	教学活动	教学主体	时间分配
1	课前准备	学生自学两权分离的理论知识	学生	30—40 分钟
2	案例分析方法解读	讲解案例分析的步骤和注意事项	教师、学生	3—5 分钟
3	案例介绍	整体介绍案例公司背景、现状，为学生展开案例分析讨论提供思路	教师	8—10 分钟
4	分小组讨论与总结	重点讨论启发思考题，理解案例中的主要情景和知识点，形成汇报要点	学生	10—15 分钟
5	小组汇报与教师点评	每个小组 5 分钟汇报，教师做出点评	教师、学生	30—40 分钟
6	总结与答疑	教师对学生案例分析讨论中的知识点进行梳理与总结，并为学生答疑	教师、学生	5—10 分钟
7	课后作业	以小组为单位，形成案例分析报告	学生	40—60 分钟